公益財団法人 全日本スキー連盟
SKI ASSOCIATION OF JAPAN

日本スノーボード教程
スノーボードダイバーシティ

National Snowboard
Method of Japan
Snowboard Diversity

『日本スノーボード教程』発刊にあたって

　全日本スキー連盟（SAJ）は、1925年2月15日に創立し、本年度、創立100周年を迎えます。時代とともに変化する社会のニーズに寄り添い、世界で愛される選手の育成とともに、雪上を滑走することの楽しさを広めてきました。

　この時代の流れのなかで、当時は比較的新しいスノースポーツであったスノーボードは、スキーとともにスノースポーツを代表する生涯スポーツに成長しました。サーフィンやスケートボードなどのボードスポーツのエッセンスを柔軟に取り込み、90年代に爆発的なスノーボード人口の増加をみせるなか、1998年の長野オリンピックでスノーボードが正式種目になりました。

　その人気の定着とともに安全にスノーボードを学ぶ環境が求められるようになり、指導方法や基礎技術の達成度を測るべく、1997年にスノーボード指導者資格検定を、2000年度にはスノーボードバッジテストを開始しました。これにより、広く一般のスノーボード技術が洗練され、2004

年にはスノーボードの滑走技術のさらなる進化と発展を目的に、第1回全日本スノーボード技術選手権大会兼SAJスノーボードデモンストレーター選考会が開催され、スノーボード技術の研究とその普及を目的としたスノーボードデモンストレーターチームが発足しました。

スノースポーツの国際化が進み、インバウンド需要とアジア圏でのスノースポーツブームによって日本の指導メソッドや技術開発が注目されるなか、2018年に国際的な活動と交流を視野に入れたナショナルスノーボードデモンストレーターを選出し、2023年のインタースキーフィンランド・レヴィ大会に派遣しました。国際的な情報を把握しつつ、指導と評価を一体とした国内の指導環境のさらなる整備を進めるための検定員制度や、幅広い年代からのニーズに対応するためのプライズテストなどを制定し、時代とともに技術の見極めや様々な斜面を楽しむためのコンテンツを拡充し続けています。

このように、国内外を問わず多様なニーズに寄り添いながら進み続けている本連盟は、単にスノースポーツの技術を広めるに留まらず、我々の舞台となる雪山と調和しながら、スノースポーツで人を育み、生涯をともにするというスノースポーツ文化を根づかせ、未来へと継承していく使命感を持って活動してまいります。そのためには、本連盟だけに留まらず多くのステークホルダーと密接に関わりつつ、持続可能なスノースポーツ環境を創造する取り組みが必要です。

雪を愛する我々一人ひとりが、それぞれの多様性を尊重し、誰ひとり取り残さずにすべての人が参加できるスノースポーツ社会を作ることを目指し、これまでの100年を振り返りながら、これからの100年へと皆さまとともに歩みを進めてまいります。

本書がこれからの100年のスノースポーツの一助となることを願っております。

公益財団法人　全日本スキー連盟

発刊にあたって ……………………………… 002

【Prologue】ダイバーシティ ……………… 006

Chapter.1

FUNDAMENTAL SNOWBOARDING 008

サイドウェイスタンス ……………………… 010

様々な競技 …………………………………… 016

滑走技術の表現者 …………………………… 018

ボードの基本性能と形状 …………………… 020

ボードの取り扱い …………………………… 022

ゲレンデを安全に楽しく滑るために ……… 025

ボードはなぜ曲がる? ……………………… 026

ボードコントロールと滑走状態 …………… 029

ボードの上でのバランス …………………… 031

ボディコントロール ………………………… 037

パフォーマンスサイクル …………………… 042

CONTENTS
日本スノーボード教程
スノーボードダイバーシティ

SAJオリジナルグッズを
プレゼント!

アンケートにご協力くださった方の中から抽選
でSAJオリジナルグッズをプレゼントいたします。
詳しくは、P128をご覧ください。

Chapter.2

TOTAL SNOWBOARDING 045

スノーボードの技術展開 …………………… 046

雪とスノーボードに慣れる ………………… 048

安全に斜面を下りる技術 …………………… 054

フォールラインへの対応技術 ……………… 061

リズムを制御する技術 ……………………… 068

スノーボードを自在に動かす技術 ………… 076

スノーボードの特性を活かす技術 ………… 084

状況・条件に対応する技術 ………………… 092

バックカントリー …………………………… 096

Chapter.3
BECOMING INSTRUCTOR 105

- 人を育むスノーボード ……………………… 106
- 子どもにとってのスノースポーツ …………… 108
- キッズスノーボーダーへのアプローチ ………… 111
- ライフロングスノーボーディング …………… 115
- 障がいとスノーボード ……………………… 118
- スノーボードの指導 ………………………… 120

【Epilogue】 スノーボードカルチャーの創造 ……… 124
- おわりに …………………………………… 126

SNOWBOARD DIVERSITY

Prologue

ダイバーシティ

人が等しく幸せに暮らす権利を尊重し、他者と幸福な時間を共有していくためには、
多様な価値観や考え方に耳を傾け、それぞれの自由を認め合う社会が必要です。
様々な人のあり方を認め合う時代のなか、多様なスノーボードの楽しみを、多様な人々に届けます。

多様な社会

ダイバーシティとは「多様性」を表す言葉で、人種や国籍、年齢、性別、障がいの有無、価値観、宗教、性的指向などの属性が異なる多種多様な人々がいる状態を指します。

グローバル化が進んだ現代社会では、世界中の人々とともに働いたり、学んだり、お互いの意見を交換する機会が増えました。また、身近な人との関わり合いのなかでも、その人の生まれ持つ個性や考え方、信じる物事は様々。多様な人々が社会活動を行うなかでは、お互いを理解し、他者の考えを尊重し合える社会のあり方が必要です。

人が生まれ持つ「幸せに暮らすための権利」は、社会のなかでのルールの根幹であり、社会活動の大原則。一人ひとりが自分に合った人生を歩むことができる選択肢を妨げない社会作りが重要です。

人々の多様性は性別や国籍など、外見的な違いだけでなく、価値観や考え方など内面的な違いもあります。それを理解するには、その人の考えを聞くことはもちろん、話し合う環境作りが重要です。たとえ価値観や考え方が少数派の意見でも、それがお互いを補い、より良い社会を実現します。個を尊重し、多様な人々の意見や能力を活かせる暮らしが、現代の社会のあり方といえるでしょう。

スノーボードダイバーシティ

　スノーボードは元来、ダイバーシティから生まれたスポーツです。

　子どものために作ったおもちゃが原型といわれるスノーボードは、サーフィンやスケートボードなどの１枚の板に横向きに乗る「サイドウェイスタンス」のスポーツや、スキーのように雪の斜面を滑り下りるスポーツから、その技術だけでなく文化的要素を取り入れて大きく成長してきました。そこにはスノーボードを愛し、雪山と調和した人々が試行錯誤を繰り返し、お互いを尊重して築き上げる小さなコミュニティが存在しており、それらは他との繋がりを持って大きく成長してきました。

　スノーボードコミュニティの成長とともに、その場と時間を共有する人々の間で自然に生まれたルールは、やがて国際基準となり、スノーボードは成熟したスポーツへと成長してきました。その一方で、洗練された技術は画一性を生み出し、スノーボードが持ち併せていた多様で自由なスタイルが希薄になる傾向にあります。スノーボードが生まれた時代の多様なスタイルをもう一度取り戻すためには、多様性という視点でスノーボードの楽しみ方を再構築していく必要があるでしょう。

　本教程では、安全にスノーボードを学ぶ技術展開を根幹に、多様なスノーボードの楽しみ方が年齢や性別、国籍や障がいの有無に関係なく、すべての人に開かれた環境を作ることを目指しています。

　多様化する社会のなかで、雪を愛する様々な人々が、スノーボードをコミュニケーションツールとして、お互いを尊重しながら多様な技術を高め合うコミュニティの基盤を作り出し、多様性を認め合う社会活動の一部として機能していくことを目指しましょう。

Chapter.1
FUNDAMENTAL SNOWBOARDING

- サイドウェイスタンス
- 様々な競技
- 滑走技術の表現者
- ボードの基本性能と形状
- ボードの取り扱い
- ゲレンデを安全に楽しく滑るために
- ボードはなぜ曲がる?
- ボードコントロールと滑走状態
- ボードの上でのバランス
- ボディコントロール
- パフォーマンスサイクル

Chapter.1

サイドウェイスタンス

スノーボードは、サーフィンやスケートボードのようなサイドウェイスタンスで、
スキーのように斜面を滑り下りるスポーツです。
このスポーツでしか得られない感覚は、スノーボードの特殊性が深く関係しています。

フレックスに働きかける

トーションに働きかける

スノーボードの特殊性

　スノーボードは、サーフィンに代表されるようなサイドウェイスタンスのスポーツですが、両足を1枚のボードに固定して滑走するため、その長軸方向に幅広く体重を預けることができます。また、固定された左右それぞれの足で力を加えることで、ボードをしならせたり、ねじったりするというスノーボード独特のコントロールが可能です。

　スノーボードは、雪の斜面を滑り下りるスポーツです。斜面で雪玉を転がすと、斜面の高いほう＝「山側（アップヒル）」から斜面下部＝「谷側（ダウンヒル）」に転がっていきますが、この方向を「フォールライン（最大傾斜線）」といい、この方向へ向かう力を利用して滑走を楽しみます。

フォールライン
山側
谷側

右足方向への滑走

サイドスリップ

左足方向への滑走

　また、スノーボードは長軸方向はもちろん、「サイドスリップ」と呼ばれる、つま先やかかと方向へ滑ることも可能で、滑走の自由度が高いのも特徴のひとつです。

　滑走方向を限定しない自由なスポーツとはいえ、ボードを制御しやすくするために、一般的なボードは進行方向の先端側を決めてあるディレクショナルボードが多く、その進行方向に対して体重を預けやすいほうの足を先端側に、逆側の足を終端側に配置します。この配置でボードに立つことを「メインスタンス」と呼び、左足を先端側に、右足を終端側に固定する立ち方を「レギュラースタンス」、その逆を「グーフィースタンス」といいます。

ディレクショナルボード

グーフィースタンス　　レギュラースタンス

SNOWBOARD DIVERSITY

Chapter.1

スイッチライディング

　スケートボード同様に、スノーボードはメインスタンスでの滑走だけでなく、逆方向への滑走となる「スイッチスタンスライディング（またはスイッチライディング）」も多く使われます。このように滑走方向の選択が自在なことも、スノーボードの多様な滑りを支える要素です。

　ボードの長軸方向への滑走の際、進行方向側の先端を「ノーズ」といい、終端を「テール」といいます。また、ノーズに近いほうの足を「前足」、テールに近いほうの足を「後ろ足」と呼びますが、スイッチライディングではそれまでのノーズとテール、前足と後ろ足が逆転します。滑走性能の面で難しさを感じるかもしれませんが、両方向への滑走を組み合わせて滑ることで、スノーボードの楽しみ方の幅がさらに広がります。

　メインスタンスライディングからスイッチライディングへ切り替えるためには、滑走しながらノーズとテールを入れ替える回転が必要です。回転方向が進行方向に対して身体を開く方向を「オープン」、身体を閉じる方向は回転中に進行方向が見えなくなるため「ブラインド」と呼んでいます。

オープン

ブラインド

Chapter.1

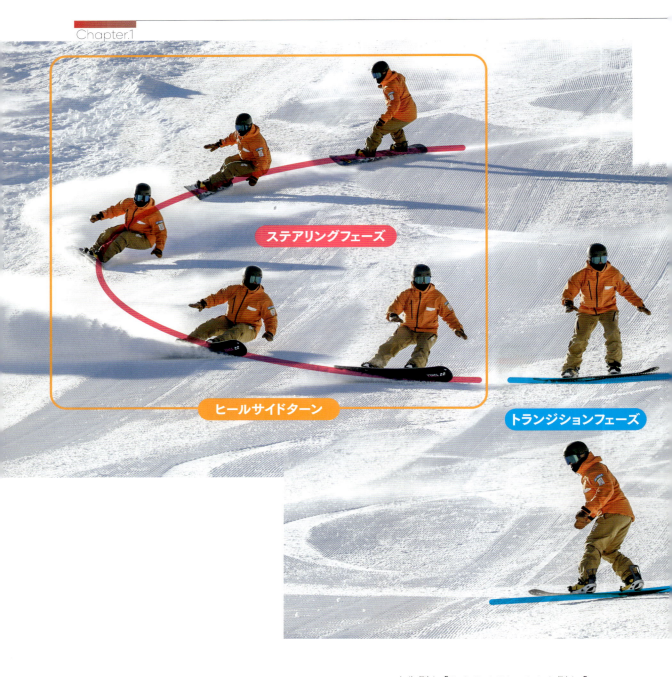

サイドウェイスタンスでの
連続ターン

　スノーボードは、スキー同様に斜面を滑り下りながらスピードや方向の制御を行いますが、スキーが左右対称な運動で制御するのに対して、サイドウェイスタンスのスノーボードではつま先側とかかと側の連動でコントロールします。

　つま先側を「トウサイド」、かかと側を「ヒールサイド」といい、つま先側に曲がることをトウサイドターン、かかと側に曲がることをヒールサイドターンといいます。この両サイドでのコントロールを交互に行う連続ターンが、滑走技術の基本です。トウサイドとヒールサイドでは関節の曲がる方向や範囲が違うため、視野の広さや見え方の違いもあるなかでボードの上で

の非対称な動きでボードを操ります。

　連続ターンでは、ターン中の曲線運動の局面である「ステアリングフェーズ」と、曲線運動から次の曲線運動へと切り替える期間の「トランジションフェーズ」、それぞれの局面でトウサイドとヒールサイドでの身のこなしに違いがあります。その非対称な運動のなかでターンのリズムやサイズを整える難しさと同時に、それぞれのサイドで得られる感覚の違いを楽しむことができます。

　これらサイドウェイスタンス特有の非対称性が、個性的な滑りや楽しみ方の大きな特徴であり、スノーボードの多様性を広げる大きな要素です。

Chapter.1

様々な競技

スノーボードが誕生した頃から、人々はスノーボードを楽しむなかでルールを設け、技術を競うようになりました。様々なバックグラウンドを持つスノーボードでは、そのルーツとなるスポーツの個性を反映させながら、サイドウェイスタンス特有のバラエティに富んだ種目が生まれてきたのです。

1対1の対戦・アルペン

アルペンは最速を争うスピード競技で、並行して用意されたふたつのコースで1対1の勝負をする「パラレル競技」が主流です。旗門間隔が長くダイナミックなスピード感が特徴のパラレル・ジャイアントスラロームと、旗門間隔が短くテクニカルな回転競技のパラレル・スラロームがあります。

予選は並行にセットされた赤、青2コースを各1本ずつ滑走し、その合計タイムの上位16名が決勝トーナメントに進みます。そして決勝トーナメントはノックダウン方式で行われ、予選タイム順でトーナメントが組まれます。予選上位者からコース選択ができ、各ヒート1本勝負（シングルフォーマット）で先にゴールした選手が上位へ駒を進めます。

並行したコースでの1対1の対戦をするという競技形式が特徴です。

雪上の格闘技・スノーボードクロス

スノーボードクロスは、6人もしくは4人の選手が一斉にスタートし、ジャンプやウェーブ、バンクなどの障害物を駆け抜ける競技で、ハイスピードで滑り下りる種目のため、一瞬で順位が入れ替わる展開が見どころのひとつです。

予選はひとりでコースを滑走するタイムトライアルで行われ、男子は上位48選手（32選手）、女子は24選手（16選手）が決勝ラウンドへ進

アルペン

スノーボードクロス

むことができます。

決勝トーナメントはノックダウン方式で、トップ3（もしくはトップ2）の選手が勝ち上がります。決勝までいかに上位半数に入り続けるかが勝敗の鍵で、そのスリリングな展開や身体を張った滑走の様子から、雪上の格闘技とも呼ばれています。

連続するエアトリック・ハーフパイプ

ハーフパイプの名称のとおり、まさにパイプ（円柱）を半分にカットしたような形の斜面を滑りながら高さ6〜7mある左右の壁でジャンプを5〜6回ほど繰り返す競技です。トップ選

ハーフパイプ

手の壁から飛び出す高さは5～6mに達し、ハーフパイプの底の部分にあたるボトムから換算すると、おおよそビルの4階ほどの高さに相当します。

複数のジャッジによりExecution（演技の完遂度）・Difficulty（難易度）・Amplitude（高さ）・Variety（多様性）・Progression（発展性）といった5つの採点項目を総合的に評価し、100点満点で採点した最高点と最低点を除いた4名のジャッジの平均点が得点となります。

難しい技ほど滞空時間も必要となり、大きな放物線を描くための確かな滑走技術が必要になります。

独創性とスタイル・スロープスタイル

スロープスタイルは、コース上にあるアイテムを攻略しながら滑り下り、その技の完成度などを採点する総合滑走競技です。

コース前半はレールやボックスと呼ばれるアイテムが設けられた「ジブセクション」で、各選手がアイテムを選んで滑走します。そして後半はジャンプ台が設置された「ジャンプセクション」となり、演技を連続して滑走し、1本ずつの滑りを採点します。2本の滑りのベストポイントが得点となり、採点はひとつのセクションの完成度のみではなく、1回の滑走の流れ全体が対象となることから、総合的な滑走能力が必要です。

特大の放物線・ビッグエア

急な斜面を滑り下り、巨大なキッカーと呼ばれるジャンプ台を飛ぶビッグエアは、そのアクロバティックな技の多様さと完成度で競う競技です。ハーフパイプのように1回の滑走のなかで複数回のトリックを行うのではなく、1回の滑走でひとつの大きなエアのなかでの表現となることが魅力です。

評価方法は、予選は2試技中1試技のスコア、決勝は3試技中2試技の合計スコアで競います。決勝の2試技はそれぞれ別方向の回転である必要があり、技の回転方向やどちらのスタンスでアプローチするか、回転数、ジャンプ中のスノーボードの手でのつかみ方、高さ、着地などが評価されます。そのため、ジャンプ中の滞空時間や飛距離は非常に重要なポイントとなる種目です。

Chapter.1
滑走技術の表現者

ボードを自在に操り、様々な斜面をジャンプやトリックなどを織り交ぜつつ滑り下りる
スノーボードの滑走技術を競うスノーボード技術選手権大会。
そして、その表現能力を国内外のスノーボードの普及発展に活かす
スノーボード・デモンストレーターチームを紹介します。

スノーボード技術選手権大会

急斜面や不整地、ウエーブやキッカーなどのアイテムを配置したコースで、様々な滑り方で技術を表現する「スノーボード技術選手権大会」。大会はターンのリズムを指定される種目、コースのなかで自由な演技構成で滑走するフリーラン種目で構成され、計6種目の滑走に対して5人のジャッジによる評価の合計ポイントで競います。

評価は、ハイスピードでの滑走中の自在な操作と多彩な滑走がポイントで、刻々と変化する斜面状況に瞬時に対応する判断力と対応能力、そして斜面を巧みに利用した演技構成などが求められます。

近年、スノーボードの進化とともにパフォーマンスの高速化が進み、そのなかで織り交ぜられるエアやトリック、スイッチライディングなど、幅広い滑走が人々を魅了します。

スノーボードデモンストレーター

スノーボード技術選手権大会のハイパフォーマンスな滑走と正確な技術表現の両方を兼ね備

スノーボード技術選手権大会

スノーボードデモンストレーター

えるのが「スノーボードデモンストレーター」です。スノーボード技術選手権大会での成績に加えて、様々な滑走表現の技術の正確性、高い人間性やスノースポーツへの広い識見が求められる「スノーボードデモンストレーター選考会」で選出されます。

スノーボードデモンストレーターチームには、スノーボード技術選手権大会などで求められるハイエンドな滑走を多角的に分析し、その技術を広く一般に役立てるための技術総括と、それを全国各地へ普及させる役割があります。なかでも成績上位者の「ナショナルスノーボードデモンストレーター」は日本を代表するスノーボード技術の表現者として、日本のスノーボードを国際社会へ発信する活動を行います。

インタースキー

4年に一度開催される世界スキー指導者会議「インタースキー」。この会議では、国のスノースポーツ指導の代表者が各国のスノースポーツに対する取り組みを紹介し、意見交換が行われます。

期間中は、参加国の取り組みを発表するレクチャー、指導方法や技術展開を雪上で体験するワークショップ、そして各国の技術を披露するデモンストレーションランなどが行われ、世界中の代表が未来のスノースポーツを築き上げる場となっています。

ナショナルスノーボードデモンストレーターは日本代表として参加し、積極的な意見交換と国の取り組みを発信。スノースポーツで国際社会と繋がり、世界中で行われているスノースポーツ指導を国内のスノーボードに還元する役割を担います。

インタースキー

Chapter.1 FUNDAMENTAL SNOWBOARDING

SNOWBOARD DIVERSITY 19

Chapter.1
ボードの基本性能と形状

多様なニーズに応えるように発展したスノーボードのボード。
雪の上を自在に滑る基本性能は、どのボードも持ち合わせています。
その基本性能を理解することが、自在なコントロールに繋がります。

ボードの基本性能

　スノーボードのボードは、様々な楽しみ方とともに長く培ってきた基本性能を維持しつつ、多様化しながら進化し続けてきました。その特性や性能を知り、操作をイメージしてみましょう。

　ボードの滑走面は「ソール」と呼ばれ、雪面との摩擦抵抗を減らす素材を使用、滑走用ワックスを塗ることで滑走性を高めることができます。また、表面にあたるのが「デッキ」で、複数の「インサートホール」というネジ穴があり、スノーボードと両足を固定するための「バインディング」を好みのスタンスにセットできます。

　スキー同様に、ボードのソール側面にはぐるっと囲むように「エッジ」と呼ばれる金属製のパーツが取りつけられています。滑走中にこのエッジで雪を削る技術を「エッジング」といい、スピードや滑る方向のコントロールを行う重要な技術です。

　ボードのコントロールには、スノーボードのしなやかさや反発する力が深く関係します。前後それぞれの足でエッジングする際のタイミングや量に差を生じさせるとボードにねじれが生まれ、このねじれの剛性を「トーション」といいます。また、ボードのしなり具合を「フレックス」といいます。しなやかなフレックスのボードは少しの力でもしなって思いどおりのターンを描きやすく、硬めのフレックスのものは強い反発を得て高くジャンプしたり、高速でも安定したターンを描きやすい傾向があります。

ボードの形状

　形状に目を向けると、ボードの側面は緩やかな

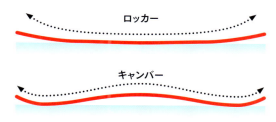

アルペン　ツインチップ　ハンマーヘッド

弧を描くような形をしており、これを「サイドカーブ」といいます。この形状がターンに深く関与しており、浅い形状だと大きなターンを描きやすく、深い形状では小さめのターン弧を作りやすくなります。

　ボードの一番くびれた部分を「ウエスト」といいます。ウエストと足のサイズが極端に違うと、足がボードの幅からはみ出てしまい、滑走中につま先が雪に引っ掛かる「ドラグ」という現象を引き起こしてしまったり、足が小さすぎてつま先とかかとが両サイドのエッジから遠くなるとエッジングが難しくなります。

　ボードの先端や終端部分は、シャベルのように反り上がった形状になっています。これを「キック」といい、キックが大きいほど雪上での浮力を得やすくなります。

　ボードを平らな雪面に置いて側面から見たとき、中央がアーチ状に浮いている形状を「キャンバー」といい、逆に中央が雪面につき、反り返るような形状のものを「ロッカー」といいます。キャンバー形状のボードは雪面と接するエッジ部分が長いため雪面を削る部分が長く、比較的安定して滑走しやすくなります。一方、ロッカー形状のものは接雪する部分が少ないため、雪面への引っ掛かりが少なく、ボードを回しやすい傾向があります。

　ボードの形状は多様化が進み、それぞれの特性を複合させた様々な形状のものが生み出されています。

多様な形状と特性

　スノーボードの多様性に合わせて、ボードも様々な形状と特性を持って進化しています。アルペン競技に代表されるスピードを目的とした楽しみ方のなかで、安定性とすばやいトランジションを可能にするニーズが「アルペンスノーボード」を生みました。また、ハーフパイプやスロープスタイルなど、多彩なトリックを繰り出すことを目的とした、スイッチライディングを容易にするために進行方向を限定しない長さ方向にも対称な形状の「ツインチップ」。スノーボードクロスのようにスピードのなかでの安定性を求めた結果、キックを減らし、よりエッジの雪面コンタクト部分を増やした「ハンマーヘッド」など。スノーボードの楽しみ方やスタイルの数だけボードの性能は複雑に進化し、また他のスタイルとの融合により新たな楽しみ方を生み出しています。その根本となる「雪の斜面を滑り下りながらスピードと方向を制御する」という性能はどのボードも備えており、これを引き出すことがスノーボードを楽しむ秘訣です。

Chapter.1

ボードの取り扱い

安全に、そして快適にスノーボードを楽しむために、ボードの準備は欠かせません。
滑走前にボードの状態を確認し、取り扱い方を知っておきましょう。
また、日常生活と違うスノースポーツの環境では、
刻々と変化する雪質や急変する天候などに備える必要があります。

ボードのメンテナンス

　スノーボードを行う前に用具を点検しましょう。
　まず、ボードのソールが白くケバ立ち酸化した状態では、ボードを思いどおり動かしづらくなります。滑走面の汚れを取り除いたうえで、雪温に適し、環境に配慮された「ワックス」を選んで塗り込みましょう。ソールを削る「サンディング加工」を行うと、ワックスの浸透が良くなり、軽微な傷は滑らかな状態に修復できます。滑走中に踏んだ石などで芯材が露出するほどの深いキズがある場合は、内部に水分が侵入して腐食が進み、ボードに重大なダメージを与える場合があるので補修が必要です。

　新品のボードは、エッジの調整などを行っていないことが多く、購入したままの状態では雪面にエッジが引っ掛かるような抵抗を感じてしまう場合があります。また、使用していくうちにエッジは削れて丸くなり、操作性が低下します。定期的に適切なエッジの調整を行うことで操作性が向上し、思いどおりの滑走を楽しんだり、衝突などを回避するコントロールが自在に行えるようになります。

　滑走中、万が一衝突した場合にモノや人を傷つけないために、キック部分のエッジを丸める「ダリング」を行いましょう。定期的なメンテナンスは、スノーボードを安全かつ長く使用するために大変重要です。

用具の確認

　スキーとは異なり、バインディングは任意のセッティングを可能とするためにビス留めしてあります。容易にスタンスを変えられる反面、緩んでしまうと事故に繋がるので、滑走前に緩みがないか確認しましょう。加えて、バインディングに足を留めるためのストラップ類の状態も確認してく

ワックスが浸透した滑走面

サンディング作業

エッジの調整

ダリング

ださい。

バインディングには様々なタイプがありますが、通常つま先側を固定する「トウストラップ」と足首側を固定する「アンクルストラップ」があり、それぞれのバックル部分が機能しているか、ビスに緩みがないか確認しましょう。ヒールサイドをサポートする「ハイバック」も同様に、ビスの緩みなどを確認してください。

これらのパーツは、滑走中の振動で緩むことがあります。携帯できる小さな工具を持っていると安心です。

ボードを斜面に流してしまうと、大変危険です。着脱の際、不意にボードが滑り出してしまうのを未然に防ぐため、メインスタンスの前足側のバインディングに「リーシュコード」を取りつけます。リーシュコードがしっかりバインディングに留められているか確認しましょう。

身を守る装備

冬の天候は日常では考えられないほど変わりやすく、それに伴って気温、照度、雪質も目まぐるしく変化します。標高が100m上がると気温は0.6度下がり、風速1m/sで体感温度は1度下がるといわれています。山の気象と天候の変化に対応する防風、防寒、耐水性能を備えたウエアとパンツで身体を冷えから守りましょう。

また、スノーボードで激しく動くと体温も上がります。ウエアの中で汗が冷えると体温が奪われてしまうので、ウエアの中の熱と湿気を逃がす「ベンチレーション」機能があると長時間でも快適に過ごせます。

スノーボードでは雪面に手をつく機会が多く、手首の受傷率が高い傾向があります。冷えを防ぎ、ケガから手を守る観点からも「グローブ」は大変重要です。初心者のうちは手首を守る「リストガード」も有効でしょう。

頭は熱を一番奪われやすい部分とされており、体温の約20％もの熱が放散されるといわれています。また、スノーボードでの受傷率で頭部は手首の次に高く、頭部の保護は特に重要です。頭部保護の観点で「ヘルメット」の着用は大変有効で、2024年時点でのスノーボードにおけるヘルメット着用率は過去10年で最高となり、普及が進んできています。

山は高い場所ほど紫外線が強く、1000ｍ上ると紫外線量は10〜20％増えるといわれており、真っ白な雪の上では紫外線は非常に強くなります。紫外線に長時間さらされると、いわゆる「雪目」と呼ばれる症状が出ることがあります。また、日照が弱いと斜面の凹凸や起伏が見えづらくなります。目を開けていられないほどの吹雪では、コース状況を把握できず滑走は困難。視界を確保し、紫外線から目を保護するために「ゴーグル」を装着しましょう。照度に合わせてレンズの色を選ぶと視認性が上がります。

Chapter.1

ボードの持ち方と装着

ボードを持ち運ぶ際には、しっかりと手に持ちます。リーシュコードを持って引きずったり、ソリのように乗って移動することは大変危険です。不意にボードを斜面に流してしまうことに繋がるので絶対に行ってはいけません。エッジで他人にケガをさせないように、スノーボードを振り回さず、脇に抱えるか背中に回して運びましょう。

ゲレンデを歩く際は衝突を避けるため、また深い足跡を残さないためにコース脇を歩きます。人の往来を妨げない場所で周囲の安全を確認し、ボードを装着しましょう。

スノーボードの持ち運び方

ボードの装着の手順として、まずはリーシュコードを装着します。特に斜面では、スノーボードを流さないようにするためにスノーボードよりも谷側に立ち、スノーボードをフォールラインに対して直交するように置きましょう。

続いて、バインディングについている雪を払い、リーシュコードを取りつけた足をバインディングにしっかり収め、アンクルストラップ、トウストラップの順に固定します。

斜面で両足を装着する場合は、コース脇での装着を心掛け、斜面を見下ろす形で座り、もう片方の足も装着します。

コースの脇を歩く

ボードの装着

平らな場所にボードを置き(1)、バインディングのストラップ類をすべて開いてハイバックを起こす(2)。リーシュコードを取りつけ(3)、足をバインディングに収める(4)。アンクルストラップをしっかり締め(5)、トウストラップも同様に締める(6)。両足とも装着したら完成(7〜8)。

ゲレンデを安全に楽しく滑るために

ゲレンデでは、様々な人が多様な目的を持って同じ場所を共有します。
安全に楽しくスノーボードを楽しむためには、
その場を共有するすべての人が守るべき雪上のルールがあります。
すべてのスノースポーツの技術は、雪上でお互いを尊重し、
安全に楽しむためのルールに則って展開されていきます。

FISの安全に関する10項目

スノーボードの多様な楽しみ方は、その場を共有する人を尊重することが基本です。ゲレンデで時間を共有する人同士が尊重し合い、思いやりの心を持ってスノーボードを楽しみましょう。

ゲレンデには、お互いの安全を確保するために「国際スキー・スノーボード連盟（FIS）」の定める「安全に関する10項目」があります。これはグローバルスタンダードなスノースポーツの安全に関する行動規範で、安心してゲレンデを滑るために、すべての人がこのルールを守ることが最も重要です。

スノーボード保険への加入

どんなに注意していても、自然のなかのスポーツではコントロールを誤ってケガをしたり、他の人にケガをさせてしまったり、モノを破損してしまう可能性があります。ケガや事故に備え、スノーボード保険に加入しましょう。

保険には、大別して自身のケガに対する傷害保険と、相手やモノに対しての賠償保険があります。誤って事故を起こしてしまった場合には、相手への補償はもちろん、弁護士費用など高額な費用が発生することも。ケガや事故への備えとして保険に加入し、自身の身を守り、雪上の場を共有する人々を尊重して安全に楽しむためのゲレンデのルールとマナーを身につけましょう。

Chapter.1 FUNDAMENTAL SNOWBOARDING

Chapter.1
ボードはなぜ曲がる?

スノーボードを安全に楽しむためには「スピードと方向の制御」が最も重要な技術となり、ターンする技術はそれを達成するために重要な技術のひとつです。
ここでは、なぜボードは曲がるのかを物理的に解説します。

重力とボード

モノとモノが引き合う力を万有引力といいます。この力は、重いモノのほうが大きくなり、たとえばリンゴはとても重たい地球と引き合うので、地球に近づきます。これを「リンゴが落ちる」と表現するわけですが、スノーボーダーと地球も引き合い、この力を重力といいます。

重力を斜面に垂直な力（地面を押す力）と、斜面に平行な力（前に進む力）のふたつの成分に分けて考えてみましょう。重力の斜面に平行な成分がボードの推進力です。その力の方向は、滑走斜面内の最大傾斜線（フォールライン）方向となり、この力は緩い斜面では小さく、急な斜面では大きくなります。そのため、急斜面ではボードが速く滑るわけです。

摩擦力

草の斜面でも、雪の斜面でも、ボードには同じ重力が作用しているのに、スノーボードはなぜ雪の上でするのでしょうか。進む方向と逆向きに妨げる力があるとすれば、トータルの推進力は、その分だけ小さくなります。雪の上では、妨げる力が小さいからです。

図1 　摩擦力と摩擦係数

この妨げる力のひとつに、摩擦力があります。摩擦力は接触するもの同士の間に生じます。たとえば、図1 のように床の上にあるものを引いて滑らそうとするとき、その逆向きに摩擦力が生じます。その大きさは、接触するモノ同士の表面に関係する摩擦係数と、重さ（接触面に垂直な力）をかけた値です。

摩擦係数が小さいほど、摩擦力は小さくなります。木のテーブルと木の積み木との間の摩擦係数は0.3程度、雪とボードとの間の摩擦係数は0.01〜0.1程度で、大変小さいのです。

ターン運動を知ろう

重力による滑る力だけでは、最大傾斜線（フォールライン）方向へ向かってまっすぐに進むだけです。曲がるためには、曲がるときの中心方向への力が必要になります。この力を向心力 図2 といい、これが曲線運動をする力です。

しかし、これだけでは 図3 のような見たこともないターンに……。通常のターンでは、図4 のようにボードも向きを変えながらターンしています。ボードが向きを変えるためには、自転力が必要なのです。モノを回転させる力をモーメントといいますが、ボードのターンは向心力と自転力（モーメント）によって生じます。

図2　向心力（ターンする力）
向心力
回転中心
滑る力（重力による）

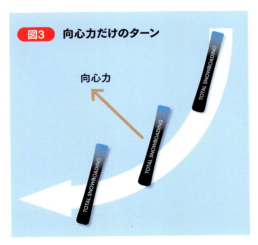

図3　向心力だけのターン
向心力

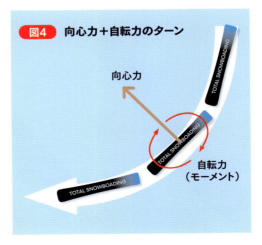

図4　向心力＋自転力のターン
向心力
自転力（モーメント）

雪面抵抗力は向心力を生む

ボードがターンしているということは、向心力と自転力が作用しているはずですが、なぜこのような力が作用するのでしょうか。

斜面をまっすぐ滑り下りたり、斜面を横切る際のボードは長軸方向へ進みますが、回転滑走しているボードは 図5 のように長軸方向よりもやや回転の外向きの方向へ進んでいます。このズレの角度（速度方向と長軸方向とがなす角）を「迎え角」といい、これがあるためにボードは雪を削りながら滑る、あるいはエッジでできた雪面の溝の側面壁に押されて滑ることになります。

ボードのエッジにより雪面に溝が作られ、ボードがさらにその溝の側面壁を押すと、その壁が破壊されて雪面が削られます。ターンしているボードから雪が飛び散っている様子をよく目にしますが、これは雪面が削られ、その切片が飛び散っているのです。

その際、雪を削ったり、雪を飛ばしたりすることにより、ボードは雪面から抵抗力を受けます。エッジングの量を増やして滑走していくと、エッジで作られた雪面の溝が深くなり、その側面壁が壊れないため、そこから反力を受けます。これらの力の総力を雪面抵抗力といいます。雪面抵抗力はボードのサイドカーブ、フレックス、トーション、キャンバー、ロッカー、そして雪面の状態（硬さ、質量）に影響を受けます。雪面抵抗力を 図6 のようにボードの長軸方向とその直角方向の成分に分けると、前者が減速する力となり、後者が向心力となります。

雪面抵抗力は自転力も生む

雪面抵抗力をボードの重心よりも前側と後ろ側に分けて考えてみます。図7 のように、前側の抵抗力はボードを時計方向へ回す力（モーメント）となり、後ろ側の抵抗力は反時計方向へ回す力（モーメント）となります。

通常のボードでは、重心よりも前側が長く、サイドカーブとフレックスによって前側のほうの迎え角が大きいために大きな雪面抵抗力が作用します。その結果、トータルでは時計方向へスノボードが自転する（図7 の場合）ことになります。この自転により迎え角が生じる方向へ向きを変え、ターン中、つねに迎え角を維持しながら雪面抵抗力を受けてターンを続けるのです。

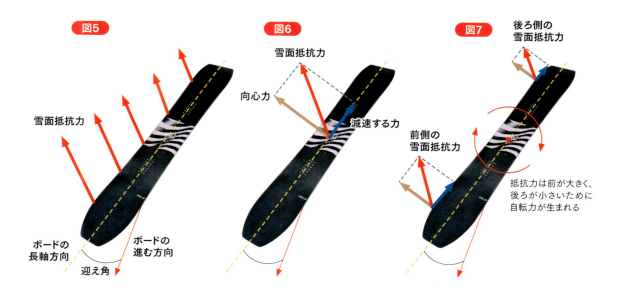

ボードコントロールと
滑走状態

思いどおりの滑走をするためには、ボードの性能を理解し、
雪面から得られる力を操るためのボードのコントロールが必要です。
両足を一本のボードに固定して操作するボードの動きと、
雪を削った際に見られるボードの滑走状態に着目します。

ボードコントロール

滑走者が何もしなければ、ボードはフォールライン方向へただまっすぐ滑っていってしまいます。滑走をコントロールするには、ボードを様々な方向に動かすことが必要です。ボードを動かした際にどの方向に動いたかを、ボードの長軸方向へ向かう軸、トウサイドからヒールサイドへ向かう軸、そしてデッキからソールへ向かう3つの回転軸で表し、それぞれの動きを「ロール」「ピッチ」「ヨー」と呼びます。

また、フレックスに働きかけることでボードの反発を得て大きくジャンプしたり、スムーズなスピンのためにトーションに働きかけて積極的にボードの形状を変化させたりします。

このようにボードの向きや形状を意図的に変化させ、それまでのボードの状態が変化することを「ボードコントロール」といいます。

Chapter.1

ボードの滑走状態

　ボードを自在に動かし、迎え角やエッジングの量をコントロールし、雪面抵抗力を得ることで様々なボードの滑走状態を生み出します。

　ボードの滑走状態は、ボードの向きが変わらずに横滑りする状態の「スリップ」、向きを変えながら横ズレを伴って滑走する「スライド」、そしてエッジングでできた「雪壁（エッジで作られた雪面の溝）」を崩さずにテールがその雪の壁に沿って滑走する「ホールド」の3つの滑走状態に分けられます。

　スリップ状態では、ノーズ側とテール側で受ける雪面抵抗力が釣り合うことでモーメントが発生せず、スライド状態ではノーズ側で受ける雪面抵抗力のほうがテール側よりも大きく、迎え角の生じる方向へのモーメントが生まれます。このふたつの状態では、エッジングの際に雪を削り、横ズレを伴いながら滑走します。

　ホールド状態では、エッジングの際にできる雪壁がスノーボードが横ズレできないほど深く、しっかり雪面を捉えるので、雪壁から反力を得ながら滑走します。雪壁を壊さない状態が続けばボードのフレックスに作用し、そのしなりの分だけ迎え角が生じ、そのわずかな迎え角によってモーメントが生じます。

　スリップ、スライド、ホールドの3つの滑走状態に優劣はなく、状況や条件、自身の体力に応じて使い分けたり、求める滑走を実現させる手段として自在に組み合わせることが重要です。

スリップ

スライド

ホールド

ボードの上でのバランス

バランスをとって滑走するとは、転ばずに滑走することともいえるでしょう。
ターンの原理と合わせて、転ぶ・転ばないの原理を確認します。

床から加わる力

重心

　ボードで滑走中にバランスをとるには、雪面からスノーボーダーに加わる力と重心との関係が影響します。はじめに、重心について説明しましょう。

　重心は、身体のあらゆる部位の重さすべてと釣り合いがとれる位置です。直立姿勢の場合、おへそのあたりに位置しています。

　ただし、重心はおへその位置で固定されていて変わらないというわけではありません。姿勢が変われば、重心位置も変わります。姿勢が変わると、それぞれの重さを持ついろいろな部位の位置関係が変わるため、釣り合いのとれる位置である重心の位置も変わるのです。たとえば、直立姿勢から身体を前屈させると前側へ、反らせると後ろ側へ、右に側屈させると右側へ、腕を上げると上側へ、重心位置は変わります。

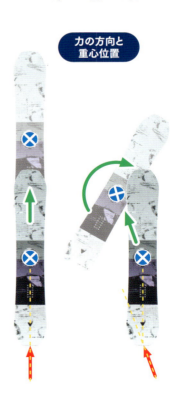

重心は、外から加わる力が身体全体を回転させる作用を持つかどうかにも関係します。外から加わる力の方向が重心を向いていると、身体全体は回転しません。一方、外から加わる力の方向が重心から外れていると、身体全体は回転します。前のページの「力の方向と重心位置」では、イメージしやすくするためにボードを使っていますが、身体の場合も同じです。

では、バランスをとるということについて、立つという動作を例に確認してみましょう。バランスをとって転ばないように立っているとはどういうことなのでしょうか。

平地で立っているときは、重力と反対方向（鉛直上向き）の力で、地面から押し返されています。この力が重心を向いていれば身体は回転しないので、倒れずに立っていられます。ただし、実際には完全に静止しているわけではなく、目で見てもわからないくらいわずかに揺れ動いています。そして、立つことに使われる筋肉の力を微調整し、地面から鉛直上向きに加わる力の位置を足裏の範囲内で変え続け、身体全体が大きく回転しない（＝倒れない）ようにしています。地面から力が加わる位置も重心もわずかに動き続けていますが、平均すれば地面から加わる力は重心を向いており、これがバランスをとって立っているということです。

サイドスリップ中のバランス

雪面から加わる力と重心との関係をサイドスリップで見てみましょう。

スノーボーダーは重力の斜面に垂直な成分（26ページ参照）で雪面に押しつけられています。そして、それと反対方向の力で雪面から押し返されています（垂直抗力）。

スノーボードをロールさせて雪を削ると、雪面抵抗力（28ページ参照）が加わります。重力の斜面に平行な成分よりも雪面抵抗力が大きければ減速し、小さければ加速します。

垂直抗力と雪面抵抗力は、合わせてひとつの力として考えることができます。このようにふたつ以上の力を合わせてひとつとみなした力を「合力」といいます。垂直抗力と雪面抵抗力の合力の方向が重心を向いていると、身体全体は回転しません。つまり、転ぶことなくサイドスリップを続けることができるわけです。

スノーボーダーは、意図する速度になるよう、ボードのロール角を操作することなどで雪面抵抗力をコントロールしています。そして、たとえば減速のため雪面抵抗力を大きくすると、合力の方向は後ろ（斜面上方）に傾くため、転ばないためには重心の位置も後ろに移動させる必

要があります。つまり、サイドスリップ中に転倒しないようバランスをとるとは、ボード操作で雪面抵抗力をコントロールすること、姿勢変化で重心の位置をコントロールすることのふたつを同時に行って身体全体が大きく回転しないようにしていることだといえるでしょう。

ターン中のバランス

　ターン中、スノーボーダーはターン内側に傾いています。ターンをしていないときに平地でこれだけ傾いたら、バランスをとれずに転んでしまいます。なぜターン中は傾いても転ばないのでしょうか。

　ターン中、スノーボーダーには向心力が加わっています。向心力は、スノーボードで雪を削ることで生まれる雪面抵抗力のターン中心方向の成分です（27.28ページ参照）。また、27ページの図では省略していますが、スノーボーダーには垂直抗力も加わっています。そして、向心力と垂直抗力との合力が重心を向いていると、傾いていても倒れることはありません。

　上達してくると、より速くターンすることもできるようになります。これは、スノーボードの操作などが洗練されて、さらに大きな向心力を得ることができるようになるためです。このとき、合力はさらに大きく傾きます。そして、合力が重心を向いていれば、やはり倒れることはありません。

　サイドスリップでの説明と似ていますね。つまり、ターン中に転倒しないようバランスをとるということも、ボード操作による向心力の大きさのコントロールと姿勢変化による重心位置のコントロールで、身体全体が雪面に向かって回転してしまわないようにしているということなのです。そして、単に平地で立つ場合とター

ンとの大きな違いは、雪面から加わる力の大きさと方向を、ボード操作による雪の削り方で自らダイナミックに変えている（または変わってしまう）という点にあるといえるでしょう。

転倒

　ターン中、ときには転倒してしまうことがあります。転倒についても、雪面から加わる力と

Chapter.1

重心との関係がどのようになっているのかを見てみましょう。

ターン中に垂直抗力と向心力の合力が重心よりも上を通る方向を向いてしまうと、身体全体は雪面に向かって回転してしまいます。そして、リカバリーできなければ、そのまま回転し続けて転倒してしまいます。

ターン中の合力の方向（傾き）には、向心力の大きさがより影響します。向心力が小さければ合力はあまり傾かず、大きな向心力を得ることができたときに合力も大きく傾きます。この合力の傾きに対して、身体全体を傾けすぎたり姿勢を崩して（姿勢が変化して）重心位置が雪面のほうへ移動してしまうと、合力が重心よりも上を通る方向を向いてしまうことになってしまいます。また、身体全体を傾けたことに対し

て、得ることのできた向心力が小さすぎた場合も合力の傾きが小さくなるため、合力が重心よりも上を通る方向を向いてしまいます。これらの結果、身体全体が雪面に向かって回転していって、転倒してしまうのです。

トランジション

左右のターンを繋いでいく局面では、身体全体の傾きを入れ替えていくことになります。ターン中に垂直抗力と向心力の合力が重心よりも下を通る方向を向くと、身体全体が雪面から起き上がる方向へ回転し始めます。これによってトランジションフェーズに入っていき、次のターン側に身体全体の傾きが入れ替わっていきます。

では、どのような場合に合力が重心よりも下

を通る方向を向くのでしょうか。ターン中の合力の傾きに対して、姿勢を変化させることで重心位置が上側やターン外側に移動すると、合力が重心よりも下を通る方向を向くことになります。また、向心力を大きくして合力の傾きを大きくすることでも、合力は重心よりも下を通る方向を向きます。これらの結果、雪面から起き上がる方向へ身体全体が回転していきます。力の方向と重心位置との関係によって身体全体が回転するというのは転倒と同じですが、どちらに回転するかということ、またミスによるものなのか、意図的にコントロールしているものなのかなどに大きな違いがあります。

トランジションフェーズを経て、スノーボードのロール角とともに迎え角も入れ替え、次のターンに必要な向心力が得られるように雪を削ると、次のターンが開始されます。ところが、もしもスライド状態のターンから、迎え角を入れ替えることなくロール角だけを入れ替えてしまうと、ボードの側面が雪に埋もれていくような形で引っ掛かってしまいます。すると、次のターンに必要な向心力とは逆方向への大きな力

通常のトランジション

Chapter.1

逆エッジ転倒

が急激に加わってしまいます。この力は、身体全体を雪面方向へ急激に回転させるような作用を持つ力となってしまうため、雪面に叩きつけられるように転倒してしまいます。これが、逆エッジ転倒のパターンのひとつです。

パラスポーツ（義足）とスノーボード

近年、パラスポーツが注目を浴びるようになっています。今後はこれまで以上に、パラスノーボーダーの方々に出会ったり、見かける機会が増えていくことでしょう。では、たとえば義足スノーボーダーの場合、ターンの原理などは何が違うのでしょうか。

なぜターンするのか、なぜターン中に倒れることなく傾いたままでいられるのかなどの原理は、義足スノーボーダーであっても基本的には同じです。ボードで雪を削って雪面抵抗力を得る、身体全体の傾きや姿勢の変化で重心位置を動かす、それらを適切にコントロールするといったことは、健常者のスノーボーダーと何ら変わりません。義足を自分の脚のように自在に動かすことが難しく、足裏の圧感覚というフィードバックがないなどの条件下で同じように滑っているわけですから、とてもすごいことですよね。

パラスノーボーダーでもターンなどの原理が基本的には変わらないということは、見方を変えれば型にはめすぎず、多様な手法を受け入れることのヒントにもなるかもしれません。「技術」や「フォーム」などについて考えるとき、誰もが共通して身につけたほうがいいことなのか、それとも個性による違いや個人差が大きくていいことなのか、そういった視点も必要になってくるでしょう。原理を理解しておくことは、そんなときの手助けになるはずです。

ボディコントロール

ボードを自在に動かすためには、ボードの上でバランスをとり、自在に動けなければなりません。
ボードの上での動きの要素を多く獲得し、その組み合わせを洗練させていくことで、
スノーボードの楽しみ方の幅が広がります。

ボディコントロールとエレメント

ボードの自在なコントロールは、滑走者がボードの上で自在に動くことで実現できます。このボードコントロールのためのボード上での滑走者の多様な動きの組み合わせを「ボディコントロール」といいます。

文部科学省が推奨する子どもの運動発達に必要な36の動きがあり、それらの動きは「バランスをとる動き」「身体を移動する動き」「物を操作する動き」の3つに大きく分類されます。

36の動きをスノーボードで考えたとき、斜面の起伏や雪質などに対応しながら外から加わる力に対してバランスをとり、ボードに乗ってターンしたりジャンプしたりして身体を移動させ、雪面へ働きかけるためにボードを操作します。

この36の動きは、スノーボードの技術だけでなく、雪上環境に慣れ親しみ、雪を体感することにも有効です。日常では体験できない雪の冷たさや感触を身体全体で感じとることは、スノースポーツの特殊性でもあります。

本書では、この36の動きの要素をボディコントロールの「エレメント」と呼び、雪上やスノーボードの上でのエレメントをより多く獲得し、ボード上での動きの多様化を目指します。そして、その多様な動きを目的に合わせて発揮するための動きの洗練化を進めていくことで、スノーボードの様々な技術を獲得することができます。

身体のバランスをとるエレメントとその動きの例
（平衡維持や姿勢変化の動き）

たつ
（例）雪の上のにたつ

おきる
（例）雪の上でおきあがる

まわる
（例）雪の上でまわる

くむ
（例）二人一組でくむ

Chapter.1

わたる
（例）雪の上のアイテムをわたる

ぶらさがる
（例）雪の上でぶらさがる

さかだちする
（例）雪の上でさかだちする

のる
（例）スノーボードにのる

うく
（例）雪の上にうく

身体を移動するエレメントとその動きの例
（身体を水平方向、垂直方向へ移動させる動きと回転運動）

とぶ
（例）雪の上でとぶ

すべる
（例）雪の上をすべる

のぼる／おりる
（例）雪の斜面をのぼる／おりる

あるく	はしる	はねる
（例）雪の上をあるく	（例）雪の上をはしる	（例）雪の上ではねる

はう	くぐる	およぐ
（例）雪の上をはう	（例）雪の上でくぐる	（例）雪の上をおよぐ

ボードを操作するエレメントとその動きの例

もつ／もちあげる	ささえる
（例）スノーボードをもちあげる	（例）スノーボードをささえる

はこぶ／うごかす （例）ボードをうごかす

おす／おしだす （例）ボードをおしだす　　**おさえる** （例）ボードをおさえつける　　**こぐ** （例）ボード上でのペダルを踏む動き

つかむ （例）ボードをつかむ　　**とる／うけとる** （例）雪玉をうけとめる　　**あてる** （例）雪玉を目標物にあてる

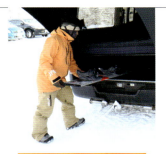

わたす	つむ／つみこみ	ほる／けずる
（例）ボードを手わたす	（例）ボードをつみこむ	（例）ボードで雪面をけずる／ほる

ふる	なげる	うつ／たたく	ける
（例）ボードをふりだす	（例）雪玉をなげる	（例）ボードで雪面をたたく	（例）ボードをける／けりだす

ひく	たおす／おこす
（例）ボードをひきこむ	（例）ボードをおこす／たおす

Chapter.1

パフォーマンスサイクル

雪面からの力に対応し、自在にボードの上で動くことでボードコントロールが可能になります。
ボード上で自在に動き、ボードを思いどおりに動かして雪面から得られる力を受け止める。
スノーボードは雪面との対話です。

パフォーマンスサイクルとは

　多様な動きで雪面へ働きかけると、呼応するように雪面からの力が滑走者に返ってきます。スノーボードは、雪面と対話するように滑走者の雪面への働きかけと雪面から返ってくる力とのやり取りを繰り返します。

　雪面状況や滑走者に加わる力に対応してターンやトリックが生み出す雪面への働きかけを雪面への「アウトプット」、滑走者のアウトプットによって雪面から滑走者に加わる力を雪面からの「インプット」と呼びます。

　多様なボディコントロールによってボードの方向の変化と形状の変化を生み出すボードコントロールが行われ、滑走者の雪面へのアウトプットが始まります。滑走者のアウトプットによってボードで雪を削り、スリップ・スライド・ホールドといった滑走状態が発生、その雪面抵抗力が滑走者にインプットされます。

　この雪面からのインプットと滑走者のアウトプットの循環が「パフォーマンスサイクル」です。雪面からの力に対応できないとパフォーマンスサイクルは破綻してしまい、転倒したり滑走のリズムが崩れます。滑走のパフォーマンスを維持するには、雪面状況を把握して、アウトプットした際に雪面から返ってくる力を想定した身のこなしが必要です。

INPUT
ボードの滑走状態
雪面への働きかけ

PERFORMANCE CYCLE

滑走者に加わる力

OUTPUT

BODY CONTROL
ボードを動かすための運動

- バランスをとる動き
- 身体を移動する動き
- ボードを操作する動き

BOARD CONTROL
滑走者の動きに伴うボードの方向変化と形状変化

- ボードの方向変化（ヨー／ピッチ／ロール）
- ボードの形状変化（トーション／フレックス）

どのサイドウェイスタンスのスポーツとも違うスノーボードの特殊性は、
独自のスタイルを生み出す無限の可能性を秘めています。
雪面からの言葉に耳を傾け、雪面へ働きかける術を多く持つ。
そうすることで、雪上でのパフォーマンスに深みと奥行きが生まれます。
スノーボードの様々な要素を知り、あらゆる状況や条件のなかでも滑走できるように、
その要素の組み合わせの幅を広げていきましょう。

- スノーボードの技術展開
- 雪とスノーボードに慣れる
- 安全に斜面を下りる技術
- フォールラインへの対応技術
- リズムを制御する技術
- スノーボードを自在に動かす技術
- スノーボードの特性を活かす技術
- 状況・条件に対応する技術
- バックカントリー

Chapter.2
TOTAL SNOWBOARDING

QRコードの動画視聴のしかた

QRコードから付録DVDと同じ動画を項目ごとに視聴できます。
スマートフォンやタブレットのカメラアプリを起動し、QRコードを画面にうつしてWEBページへ行き、ページ下部にある数列をパスコードに入力してから視聴します。
動画を視聴する際は、大量のデータ通信が必要なため、Wi-Fi環境での利用を推奨します。
なお、本書のQRコードをコピーして第三者へ譲り渡したり、受け取ったQRコードで動画を視聴するなどの行為は法律で固く禁じられています。
＊「QRコード」は株式会社デンソーウェーブの登録商標です。

SNOWBOARD DIVERSITY

Chapter.2
スノーボードの技術展開

様々な斜面を滑る技術を積み上げながら、技術の幅を広げることがスノーボード技術展開の目的です。安全なスノーボードの根幹となる「コアスキル」を積み上げながら、様々な動きの要素である「エレメント」を自在に組み合わせ、多様なスノーボードの楽しみ方を見つけましょう。

コアスキル

スノーボードの技術展開は、平地から徐々に斜度を上げていき、スピードの遅いスキルから高速滑走へ、動きの構成が単純なものから洗練されたものへと、安全に楽しくスノーボードを学ぶためにすべてのスノーボーダーが持つべき基本技術を展開していきます。

その基礎的なスキルが「**コアスキル**」です。技術展開に合わせて7つのテーマを設定し、そのテーマに合わせたコアスキルが用意されています。まずは「**雪とスノーボードに慣れる**」ことからスタート。次に人や障害物を避けて「**安全に斜面を下りる技術**」を習得、スノースポーツ特有の「**フォールラインへの対応技術**」を習得します。

CORE SKILLS

スノーボードの基本操作を習得したら、徐々に斜度を上げて、「**リズムを制御する技術**」「**スノーボードを自在に動かす技術**」「**スノーボードの特性を活かす技術**」と発展させ、様々な斜面でスノーボードを楽しむために「**状況・条件に対応する技術**」の習得を目指しましょう。

上位のテーマは下位のテーマをベースにコアスキルを積み上げ、山全体をスノーボードのフィールドにしていくことを目指します。

技術の構築

コアスキルの習得には、その技術をアウトプットするために必要なエレメントの獲得が必要です。様々なエレメントを組み合わせる過程でコアスキルを習得し、そのアウトプットを洗練させていくことで上達していきます。

また、技術を積み上げ、より難易度の高いコアスキルの獲得を目指す一方で、より幅広いスノーボードの楽しみ方にも挑戦するために、コアスキルを根幹に多様なエレメントを追加して個性的なアウトプットを目指しましょう。

様々な斜面を滑れるようになる。トリックやスイッチライディングなど様々なアウトプットを目指す。より速く滑る。スノーボードの楽しみ方は技術を高く積み上げるだけでなく、技術の奥行きを広げていくことで多様で洗練されたものに成長していきます。

アウトプットの奥行き

**コアスキルの
積み上げ**

Chapter.2

雪とスノーボードに慣れる

スノーボードの上で様々な動きを試してみます。
スノーボード上でどのように動くと、スノーボードがどのように動くかという
「ボディコントロールとボードコントロールの関係」を感じとりましょう。
また、ワンフットでの移動とリフト乗車を学び、ゲレンデでの移動方法を身につけます。

スノーボードの上にたつ

スノーボードの技術の最初のエレメントは「たつ」ことから始まります。両足を固定した場合、ボードの上全体がバランスのとれる範囲です。この範囲から重心が外れるとバランスを崩し、転倒してしまいます。

不安定さを感じたら、ケガを防ぐために姿勢を低くし、トウサイド側へは「滑り込む」ように、ヒールサイド側へは「転がる」ようにして手首や頭部を守りましょう。

ボードの上にたつ姿勢は、スノーボードの技術の基礎です。ボードの上で自在に動き、ボードを自在に動かすために、自然に体重をボードに預けられる姿勢を身につけましょう。

スノーボードの上にたつ

トウサイドへの転倒

ヒールサイドへの転倒

平地でのボードコントロール
`CORE SKILL`

　ボードの上にバランスよく立ち、その姿勢に様々なエレメントを追加していきましょう。「とぶ」「はねる」「まわる」「（片足に）のりこむ」、ボードを「おこす」「こぐ」などのボード上での動きが、バインディングを介してボードに作用します。ボード上での動きがどのようにボードに作用するかを確認し、ボードの動きや形状変化を体感しましょう。

　ボード上での様々な動きによって、ボードがヨー・ピッチ・ロール方向へ動いたり、トーションやフレックスに作用したりすることがわかります。ボードの方向変化や形状変化は、滑走時に必要になる重要なスキルです。

Chapter.2

ワンフットでの移動　CORE SKILL

　前足のみをボードに固定している状態を「ワンフット」といい、平地での移動やリフト乗車で多用します。ワンフットでの移動時に転倒してしまうと、後ろ足側のハイバックでケガをする恐れがあるので、ワンフットでの移動時は後ろ足側のハイバックを必ず倒しておきましょう。

　ワンフットで「あるく」際は、小さな歩幅から始め、徐々に装着しているほうの足に体重を預ける時間を増やし、ボードに「のりこむ」感覚を身につけます。このワンフットで雪面を蹴りながらボードに乗り込む技術を「スケーティング」といい、ボードを真上から「おさえる」ことでバランスをとりながら移動します。雪面を「ける」足はトウサイド、ヒールサイドのどちら側についてもかまいません。方向転換の際は、雪面を蹴るほうの足を軸にボードを持ち上げながら「まわり」ます。

　ワンフットで斜面をのぼり下りする際は、ボー

50

ドをフォールラインに対して直角に配置し、トウサイドのエッジで雪を「ほる」ことで足場を作り、一歩ずつのぼります。下りる際も同様に、ヒールサイドエッジで雪を彫り、ボードがズレ落ちないようにエッジで雪を捉えるエッジングの感覚を身につけましょう。

ワンフットで斜面を横断する際も、エッジングが有効です。雪を捉えやすくするために、山側で雪面を蹴るといいでしょう。

斜面をワンフットで下りる際は、ボードの先端

Chapter.2

をフォールラインに向け、後ろ足を装着していないほうのバインディング側面に押しつけるようにしてデッキの上に足を乗せます。停止するときは、トウサイドまたはヒールサイドのエッジで雪を「けずる」ことで雪を削った側へボードが向きを変え、フォールラインからそれていくことで減速して停止します。その際、補助的に後ろ足のつま先またはかかとをエッジで雪を削った側に出して雪を削ると、より減速しやすくなります。

ワンフット／ストレートランニング
〜ストップ（ヒールサイド）

ワンフット／ストレートランニング
〜ストップ（トウサイド）

チェアリフトの利用

スノーボードでのチェアリフトの利用は、ワンフットでの利用が基本です。安全なリフト乗降車の手順を確認しましょう。

前列にいる人が乗車位置へ移動したら、待機位置まで進みます。係員の誘導に従って乗車位置まで移動し、乗車準備。搬器が乗車位置まで来たら深く腰掛け、セフティバーを下ろし、搬器を揺らさないように降り場まで乗車しましょう。

待機位置で待ち(1)、係員の合図で乗車位置まで移動する(2)。搬器が来たら、ボードをまっすぐに向けて座る(3)。深く腰掛け(4)、セーフティーバーを降ろす(5)

降り場に近づいたらセーフティーバーを上げ(1)、ボードをまっすぐに向けて(2)、デッキに足を乗せて降車位置で立ち上がる(3)。まっすぐ滑り下りて(4)、すぐに降り場から離れる(5)

降り場に近づいたらセフティバーを上げ、降車位置までにボードをまっすぐに滑らせ、降車位置でボードの上に立ち上がり、まっすぐ滑り下ります。降車後は速やかに移動し、あとから降りてくる人のために場所を空けましょう。

Chapter.2
安全に斜面を下りる技術

斜面を安全に滑り下りることは、スノーボード技術のなかで最も重要な技術です。
滑走のスピードと方向は、雪をエッジで削ることによって制御します。
一本のボードを両足で操るスノーボードの特殊性を理解し、ボード上での様々な動きによってボードの向きを一定に保ったり、向きを変えたりすることを学びましょう。

斜面での立ち上がり方

ボードを装着して斜面で立ち上がる際には、いくつか気をつけるべきことがあります。

まず、ボードをフォールラインに直交するように配置し、立ち上がる際にボードが滑り出さないようにエッジで雪を削って足場を作ります。

ヒールサイドで立ち上がる際は、腰をなるべくボードに近づけ、片手は両足の間のトウサイドエッジを「つかみ」、逆の手で雪面を「おし」、両足のかかとでバランスをとりながら腰をボードの直上に乗せ、ゆっくり手を離しながら上半身を起こしてバランスを保ちます。

トウサイドで立ち上がる際も同様に、ボードをフォールラインに直交させて、あらかじめトウサイドエッジで雪を削って立ち上がったときの足場

立ち上がる(ヒールサイド)

ロールオーバー

立ち上がる(トウサイド)

を確保します。両手で雪面を押して身体を持ち上げ、つま先でバランスをとりながら上半身を起こしましょう。

サイドスリップ `CORE SKILL`

サイドスリップは、フォールラインに対して迎え角を最大にして滑り下りる技術で、最もボードを減速させて滑れる滑走方法です。立ち上がったときの姿勢とエッジングを基本に、ボードを「おこし」たり、「ねかせ」たりすることでロール角をコントロールし、エッジで雪を削る量を調整します。雪を削る量を増やすと減速し、減らすと滑走スピードが上がりますが、ロール角を減らしすぎると逆エッジ転倒の危険性が高まるので注意が必要です。サイドスリップ中は常に雪を削っているほうのエッジの上でバランスをとることを心がけましょう。

骨格上、斜面でのトウサイド／ヒールサイドそれぞれのバランスのとり方に違いが生じます。また、エッジで雪を削ったわずかな足場しかバランスをとれる幅がないため、ロール角と重心位置の調整が大きな課題です。エッジングによる雪面からの力に対応できる重心位置を意識しましょう。

サイドスリップでのエッジングのポイントは、両足で体重を「ささえて」両足のロール角を同じにすることです。体重がどちらかの足に偏ると、左右の足それぞれ個別にロール角が変化し、左右の足元のエッジで雪を削る量が変わり、一定の方向に滑ることができなくなってしまいます。まずはフォールラインに直交するようにボードの方向を保ち、一定のスピードで滑り下りることを意識しましょう。

逆エッジ転倒

ヒールサイド

トウサイド

Chapter.2

トーションのコントロール

サイドスリップで一定のスピードで、一定の方向に滑ることに慣れてきたら、左右の足それぞれでロール角を調整し、左右の足元で雪を削る量を意図的に操ってみましょう。

自転車を「こぐ」ときのペダルを踏む動きのように片方の足元を踏み込むと、踏み込んだ側の足元のエッジが緩みます。もう一方の足元のエッジングは維持されていることでボードはねじれ、トーションが発生。緩んだほうの足元に乗り込むとボードの向きが変わり、滑走方向に変化が生じます。再び両足のロール角を整え両足均等に体重を乗せなおすと、サイドスリップに移行。これを左右交互に行う滑走が「ペンジュラム」です。

ペンジュラムはボードのトーションに働きかけるボードコントロールが身につき、スイッチライディングの感覚を養えると同時に、スピードと方向のコントロールを覚えられます。

センター

左足側のエッジが緩む

右足側のエッジが緩む

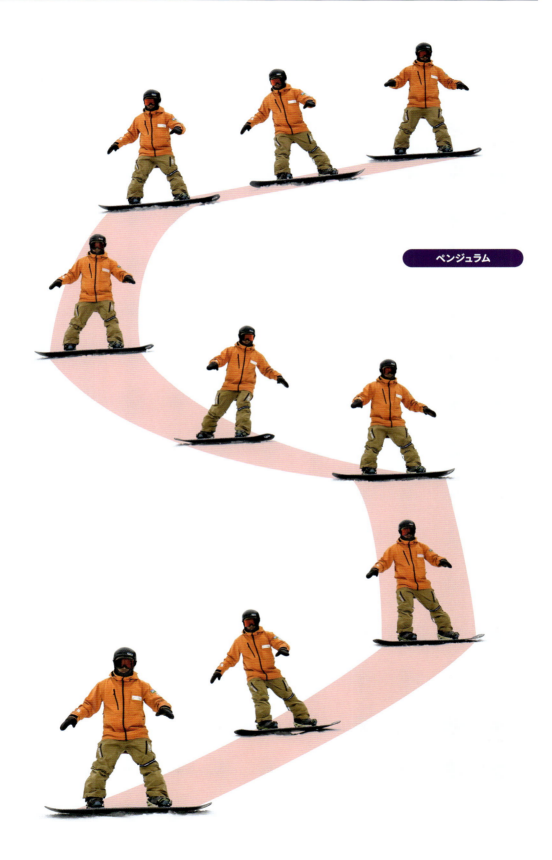

ペンジュラム

Chapter.2

サイドスリップに
様々なエレメントを追加する

　サイドスリップを基本に、様々なエレメントを追加してみましょう。

　滑走方向とスピードを制御するには、トーションとエッジングの微細な調整を行うボードコントロールが重要ですが、それを実現するにはボード上での多様なボディコントロールが必要です。

　「のる」「こぐ」「おす」「ひく」「ふる」「ささえる」「けずる」など、様々な動きの量とタイミング、その組み合わせによってアウトプットされる技術は多様に変化します。

　滑走中のバランスの幅が広がったら、さらに「はねる」「とぶ」「まわる」なども加えると、トリックへと発展していきます。

スイングから逆のサイドに「のる」エレメントを追加

ペンジュラムのエッジングを強める

サイドスリップに「ふる」エレメントを追加

斜面を横切るために「おこした」ボードを「ささえ」、ロール角を維持する

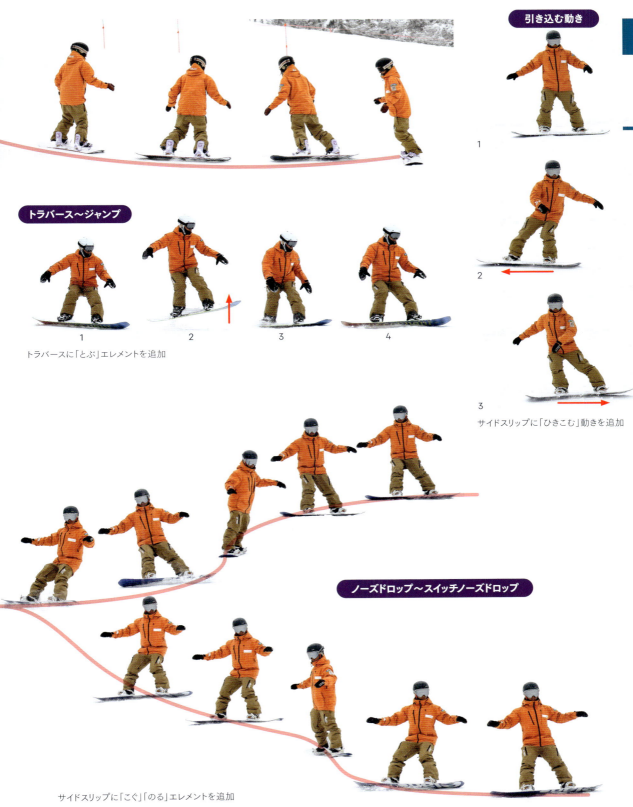

引き込む動き

トラバース〜ジャンプ

トラバースに「とぶ」エレメントを追加

サイドスリップに「ひきこむ」動きを追加

ノーズドロップ〜スイッチノーズドロップ

サイドスリップに「こぐ」「のる」エレメントを追加

Chapter.2 TOTAL SNOWBOARDING

SNOWBOARD DIVERSITY

Chapter.2

サイドスリップでのフリーラン
CORE SKILL

サイドスリップでの滑走に様々なエレメントを自由な組み合わせで加えて滑る「フリーラン」を行いましょう。

フリーランは安全に斜面を滑り下りることを前提に、ボードの上で自在に動き、意図したボードコントロールで自己表現する技術です。

メインスタンス、スイッチスタンス、トウサイド、ヒールサイドを滑走しながら入れ替えることができれば、ボードコントロールを十分に行えたフリーランといえます。

フォールラインへの対応技術

スノーボードは、フォールライン方向へ向かう力を利用して滑走します。
ボードをフォールライン方向に向けて滑走する感覚と、そこから減速する方法を学びましょう。
ここで学ぶ連続ターンは、スノーボードのなかで最も汎用性の高い滑走技術です。

Chapter.2 TOTAL SNOWBOARDING

ストレートランニング〜ストップ
CORE SKILL

フォールラインにノーズを向けて滑走する状態から、エッジで雪を削ることでボードの向きがフォールラインに直交するよう導いて安全に停止します。

ボードの向きを変えていくためには、滑るボードの上でボードを自在に動かせる位置に「たつ」ことが重要です。ボードを「うごかし」、雪を「けずる」ことでサイドスリップやトラバースと同じ技術でボードの方向とスピードの制御を行って減速させます。

テールを「おしだす」ようにスノーボードを動かせばサイドスリップに、スノーボードを「おこし」、エッジングするように動かすと「ターン」しながら停止できます。

トウサイドストップ / ヒールサイドストップ

ストレートランニングに様々なエレメントを追加する

ごく緩い斜面でストレートランニングに様々なエレメントを追加してみましょう。

ストレートランニング中に「はねる」エレメントを追加するとホップ、両足で「とぶ」エレメントを追加すればジャンプがアウトプットできます。

ストレートランニング中に180度「まわる」エレメントを追加してスイッチライディングに移行してみましょう。オープン／ブラインド両方の回転方向でのスイッチを試して見てください。回転方向のエッジでバランスをとることがポイントです。

フォールラインへ進むボードを、前足を重心の下に「ひきこむ」、または後ろ足を重心の下に「おしだす」ように動かしてノーズやテールに「のる」と、「マニュアル」というトリックになります。

さらに、マニュアルの要領でボードを動かし、重心の下に前足を引き込んだり、後ろ足を押し出すタイミングで、それぞれの足で「ける」「とぶ」のエレメントを組み合わせると、ボードのフレックスに作用した「ノーリー」「オーリー」をアウトプットすることができます。

Chapter.2

SNOWBOARD DIVERSITY

Chapter.2

連続ターン　CORE SKILL

　連続ターンは、斜面を滑り下りる技術のなかで最も汎用性の高いものです。片方だけのエッジの上での運動に比べると、疲労を抑えながら滑走方向とスピードのコントロールが行えます。また、連続ターンをコアスキルとして様々なエレメントを追加していくことで、アウトプットの幅が飛躍的に広がります。

　連続ターンには、エッジで雪を削り、その抵抗とボードの性能によってターンする力を得て曲がっていくステアリングフェーズと、トウサイドとヒールサイドを入れ替えるトランジションフェーズのふたつの局面があります。

　ステアリングフェーズでは、エッジングの際に生じる雪面からの力をターンに利用しますが、滑りながらその力とバランスをとることがポイントです。雪を「けずる」ために「おこした」ボードのデッキの傾きに合わせて、身体もわずかにターンの内側に配置することを意識しましょう。低速でターンする際に雪を「ほる」ような強いエッジングをしてしまうと、ボードがエッジで作った雪壁を崩せなくなり、ボードの向きを変えづらくなります。ボードを「うごかして」やさしく雪を削りながらステアリングフェーズを制御しましょう。

　トランジションフェーズで最も気をつけることは、逆エッジ転倒です。次のターンの準備ができる前に次のサイドのエッジングを行うと、逆エッジ転倒を起こすので注意が必要です。

トランジションでのポイントは、迎え角を生み出すことと、ボードをロールさせるタイミングです。バランスの項で述べたとおり、サイドを入れ替える際に迎え角を入れ替えずにロール角を入れ替えると、逆エッジ転倒を引き起こします。ステアリングフェーズでの曲線運動から逆側の曲線運動を開始するまでに迎え角を減らしていき、ノーズの向きと進行方向を一致させてから今までと逆の迎え角をとりながらロールさせていきましょう。

トランジションフェーズで迎え角とロール角を入れ替える際には、トーションに働きかけるボードコントロールが有効です。ステアリングフェーズの終盤に、それまでの迎え角を減らしていきながら前足でペダルを「こぐ」ように前足側のソールを接雪させていきます。これにより、前足側の

エッジングは緩み、後ろ足側のエッジングが保たれてスノーボードにねじれが生じます。すると、前足側と後ろ足側での抵抗の差でスノーボードにモーメントが発生して迎え角が生じ、さらに前足へ「のる」ことで後ろ足側のエッジングも開放されてボードが雪面に「フラット」な状態になり、ボードを「うごかす」準備ができます。フラットなボードの上でバランスをとりながら「おす」「まわす」「おこす」「けずる」などのエレメントで雪面を削れば、安全にサイドを入れ替えることができるでしょう。

Chapter.2

スイッチ連続ターン

　連続ターンをスイッチスタンスで行いましょう。使用しているボードの性能やセッティングによってはスイッチでの滑走がしづらく感じるかもしれませんが、ペンジュラムやスイッチストレートランニングなどで、スイッチでの滑走感覚をつかんでいれば、メインスタンスでの連続ターンと要領は同じです。

　スイッチ連続ターンができるようになると、スノーボードでの滑走技術の幅がさらに広がります。多様なアウトプットのベースを広げるために、連続ターンとともにスイッチ連続ターンにも挑戦しましょう。

SNOWBOARD DIVERSITY 67

Chapter.2
リズムを制御する技術

コース幅や混雑状況に合わせて滑るために、滑走の「リズムを制御する技術」を身につけましょう。
スノーボードの性能を引き出す準備としての「ミドルターン」、
コース幅が狭いところや混雑したゲレンデでターンするための「ショートターン」、
スノーボードを動かすタイミングを自在に操る「フリーラン」の3つのリズム制御に関する技術の習得を目指します。

ターンスペースと空間的なリズム

リズムとは「周期的な反復」を意味し、連続ターンはその代表といえます。滑走のリズムを整えることで他者との衝突を回避したり、狭いコースでも安定したスピードコントロールが可能になるのです。

滑走のリズムを整えるにあたっては、1ターンの幅と落差をイメージしましょう。ステアリングフェーズで利用するターンの横幅とトランジションフェーズ間の落差からなるスペースを「ターンスペース」といい、このターンスペースをリズムよく配置することから始め、トウサイド／ヒールサイドのターンを左右均等に配置し、空間的なリズムの維持を目指します。

リズムを制御した連続ターン
CORE SKILL

　ターンスペースの大きさと配置を自在にコントロールしましょう。この技術は、あとに続く技術テーマに共通する基本技術となります。

　ボードが備えるターン性能は様々ですが、「ミドルターン」はどのようなボードの性能でも発揮できるターンスペースで行うターンです。トウサイド／ヒールサイドともに同じ大きさのターンスペースで左右均等なターンを目指しましょう。

ミドルターン

Chapter.2

ショートターン

速いリズムでターンスペースを生み出す「ショートターン」は、ボードをフォールラインへ向けるタイミングとボードをフォールラインに直交させるタイミングが早く、リズムよくボードを動かすボードコントロールが重要です。

フリーラン

ミドルターンとショートターンのターンスペースの配置を意図的に織り交ぜた「フリーラン」を行いましょう。自分の意思でターンスペースの配置を自在に行えるように、丁寧なボードコントロールと、それを実現するための姿勢がポイントです。

Chapter.2

リズムを制御した滑走に様々なエレメントを追加する

　ターンのリズムを維持しながらボードの上で自在に動けるように様々なエレメントを追加してみましょう。

　ノーズとテールを入れ替えて滑走するスイッチライディングでリズムをコントロールできるようになると、ボディコントロールの幅が格段に広がります。

スイッチミドルターン

トウtoトウターン

スイッチでのトランジションのタイミングが整ったら、1ターンずつスイッチして同サイドのターンを繰り返し、それぞれのステアリングの感覚的な違いを意識しながら、滑走のリズムを整えます（トウ to トウ／ヒール to ヒールターン）。ショートターンのなかでテールを「もちあげ」てボードを動かし、ターンのリズムを作ってみましょう（テールリフトターン）。

様々なエレメントを追加することで、多様な運動とその動きのリズムをコントロールすることが大切です。

Chapter.2

時間的なリズム

　ターンスペースをリズムよく配置する「空間的なリズム」とともに、「時間的なリズム」のイメージを持ってみましょう。

　1秒で1ターンのリズムを例に挙げると、初歩の段階では減速要素が多く1秒ではあまり大きなターンスペースを生み出すことはできません。しかし、滑走のスピードを上げることができれば、1秒でより大きなターンスペースを作り出すことができます。

　ゲレンデは均一な斜面ばかりではなく、斜度や雪質が変化するコースでは「空間的なリズム」だけを意識すると「時間的なリズム」は遅くなったり早くなったり安定しません。逆に「時間的なリズム」ばかりにとらわれると、ターンスペースがバラバラになってしまうので注意しましょう。

　スノーボードのリズムは、時間的なリズムと空間的なリズムに折り合いをつけながら両方の側面でターンをコーディネートしていきます。

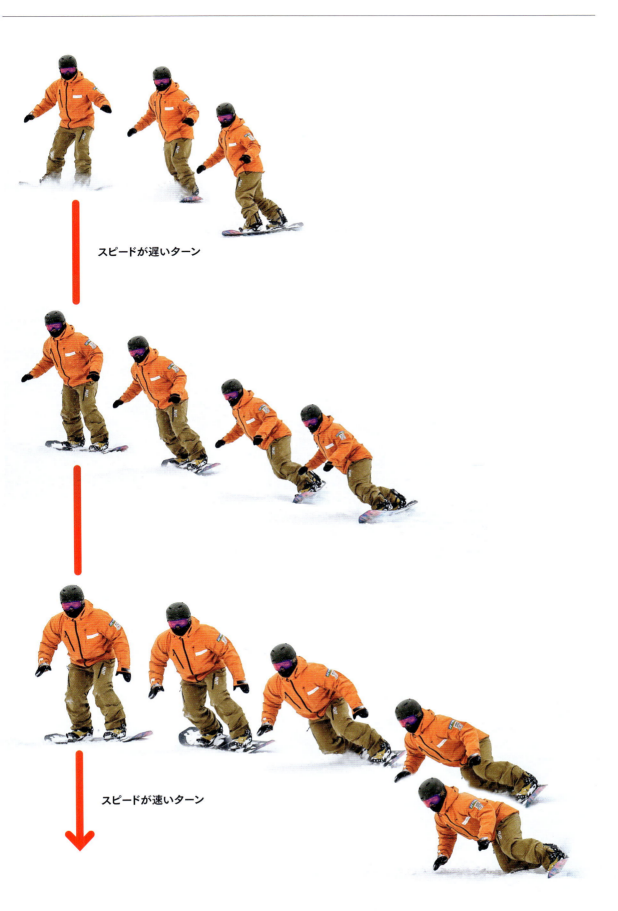

スピードが遅いターン

スピードが速いターン

Chapter.2

スノーボードを自在に動かす技術

スノーボードを「意図したタイミングで、動かしたい方向に、必要な分だけ動かす技術」を身につけましょう。
ゲレンデの雪質、斜度、コース幅、混み具合など様々な状況に対応するには、
スノーボードを動かす時間、方向、量の制御が重要です。
スノーボードを自在に動かし、多様な雪面へのアウトプットする技術を学びます。

スノーボードを自在に動かす

スノーボードのリズム制御は、主にボードを動かすタイミング（時間）のコントロールですが、このリズムの制御にボードを動かす方向と量の制御を加えていきます。ボードを動かすタイミング、方向、量をコントロールすることで、ターンもトリックも自在にアウトプットできるようになります。

ローリング / ピッチング / ヨーイング

スノーボードを自在に動かす
連続ターン `CORE SKILL`

様々なターンシェイプの基本となる、スピードを一定に保って急激にボードの向きを変えない滑らかなターンを、いろいろなリズムのなかで行いましょう。

雪を削りながらターン中のスピードを一定に保つことを意識し、ステアリングフェーズ中に急激にボードの向きが変わらないようなボードコントロールを心掛けてください。

スノーボードを急激に「けりだし」たり、「ふりだし」たりすると、ボードの向きは急激に変化してしまいます。滑らかなボードコントロールのためには、雪を削る量の調整がポイントです。ソールで雪を集めるように雪を削り、どれくらいの雪面抵抗を得ると、どれくらいのモーメントが発生するかを感じ取りましょう。

ミドルターン

Chapter.2

フリーラン

スノーボードを自在に動かす連続ターンでは、ボードの急激な向きの変化を抑えるために、スライドの滑走状態を意識しましょう。このコアスキルでは、ボードの滑走状態を自在に操る技術習得が鍵となります。

スライド状態をコントロールするには、迎え角を調整するためのボードの方向制御や、前足と後ろ足でのロール角の違いにより生じるトーションによるボードの形状変化といったボードコントロール技術が重要です。ボードの上で動ける幅を広げ、自在なボードコントロールを生み出すことが、ボードを自在に動かす技術習得に繋がります。

ショートターン

Chapter.2

様々なターンシェイプ

迎え角を調整し、思いどおりのターンを雪面に描きましょう。ボードをヨー・ピッチ・ロールの方向へ動かしたり、ボードのフレックスやトーションに作用する動きによるコントロールにより、ボードのスリップ、スライド、ホールドの3つ滑走状態が組み合わさって雪面にターンの軌跡が描かれます。この滑走中のボードの軌跡を「ターンシェイプ」といいます。

ターンシェイプはスピードと方向の制御を行った結果として現れます。様々な斜面を滑り下りるために、ボードを自在に動かして様々なターンシェイプを雪面に描きましょう。

ホールド〜スリップ

ホールド

スリップ

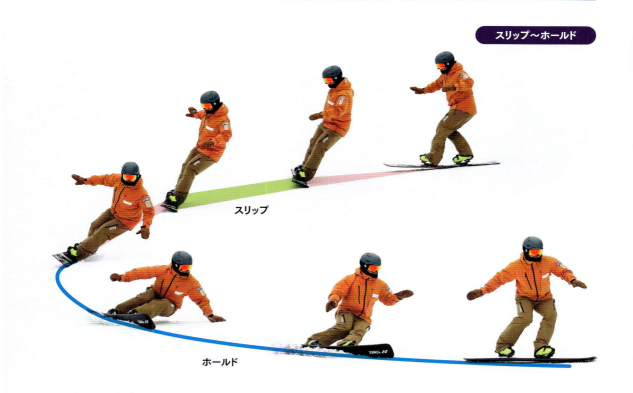

スリップ〜ホールド

スリップ

ホールド

スライド〜ホールド

スライド

ホールド

SNOWBOARD DIVERSITY

Chapter.2

スノーボードを自在に動かす
滑走に様々なエレメントを追加する

ボードを自在に動かして、滑らかなスピンやジャンプなどを加えた滑走を行いましょう。ボードの上でのバランスと、ボードを動かせる姿勢を意識してください。

トランジションフェーズで「とぶ」エレメントを追加して、ボードの上で自在に動ける幅を確認してみます。

続いて、トランジションフェーズでボードを「ふる」エレメントを追加してシャッフルしてみ

ましょう。ボードを「うごかせる」姿勢をとっているかが確認できます。

さらに、「まわる」エレメントで、滑らかな一連の回転でスピンしてみましょう。滑らかにスピンするためには、繊細なロール角のコントロールが必要です。

Chapter.2
スノーボードの特性を活かす技術

スノーボードは、ターンやトリックをアウトプットできるようにデザインされています。
より高い次元でスノーボードを楽しむためには、その特性を知り、その性能をうまく引き出す技術が必要です。
形状、しなりや反発、トーションの強度など、スノーボードの様々な基本性能に働きかけ、
多様なスノーボードの楽しみ方を探しましょう。

雪壁を生み出す

　エッジで雪を「けずり」ながら滑るスライド状態から、その削った雪をソールで集めながら「おし」固めていくと、やがて横ズレが止まってホールド状態に移行します。このときソール側には滑りながら集めた雪の足場が形成され、そこから強い反力を得ることができます。この雪でできた足場が雪壁です。

　雪質によって雪壁の作りやすさは変わり、雪を集めやすい軟らかい雪や湿雪ではホールド状態を作りやすく、逆に氷のような雪面では雪を集めることが難しくなります。

　雪を削って雪壁を作り出すほかに、ボードを強く「おこして」雪をエッジで「ほる」ように動かし、雪を深く切削できれば、固い雪でも雪壁を形成することができます。

ボードコントロールを洗練させる

　雪の壁を作る際のボードの動きに注目すると、雪の表面を削って押し固めるときのボードは、ロール角を持ったボードにピッチの動きが加わり、テールで雪を押し固めるような動きをします。一方、雪面に深く彫り込むようなボードは、ロール角を持ったボードにヨーの動きが加わり、ノーズが雪面に差し込まれるような動きをします。

　また、ロールさせたボードを「おす」ことでボードのフレックスに働きかけ、ボードをしならせてターンの回転半径をコントロールしたり、前足と後ろ足でボードを起こす量を変えてトーションに働きかけてねじれを意図的に発生させてノーズ側とテール側でのロール角を操ることもできます。

　ボードを「おこす」だけでも、ボードの持つ性能によってターンできますが、ボードの動きを自在に組み合わせ、ボードの形状変化を意図的に起こすボードコントロールによって、より多様な雪面へのアウトプットが可能になります。

Chapter.2

ミドルターン

スノーボードの特性を活かした連続ターン　CORE SKILL

　ボードのサイドカーブやフレックスを利用して、エッジングの際に得られる雪面からの力をターンに利用し、減速要素をなるべく減らした連続ターンを行いましょう。リズムをコントロールしたショートターンやミドルターン、フリーランなどを実践するなかで、ターンの軌道とボードの向きを調和させることを目指してください。

　スピードに乗った滑走のなかでも、いつでも減速や停止できるコントロールが大原則です。このコアスキルは、常に周囲の状況に気を配り、人やモノとの衝突を回避できる技術力と判断力がベースになっています。

ショートターン

Chapter.2

フリーラン

Chapter.2

スノーボードの特性を活かした滑走に様々なエレメントを追加する

減速要素をなるべく減らした連続ターンのなかで、ボードの特性を活かすために様々なエレメントを追加して滑走してみます。

オーリー

エアターン

ボードのフレックスに働きかけるために、後ろ足に「のり」、雪面を「ける」エレメントを追加して、ボードの反発を利用したオーリーにトライ。エッジングで作った足場を利用して高く「とび」、サイドを入れ替えて逆側のエッジで着地するエアターンにもチャレンジしてみましょう。

雪面からのインプットとなる雪面抵抗力は、ターンに利用するだけでなく、高いトリックや3次元的なトランジションなど、幅広い滑走を実現するために利用できます。雪面からのインプットをうまく利用して、多様なアウトプットを目指しましょう。

Chapter.2
状況・条件に対応する技術

様々な雪質や斜面状況のなかで、自然を感じながら滑走する技術を身につけます。
刻々と変化する斜面状況や様々なコース条件に対応し、自身の滑走技術を限定せず、
雪面へ働きかけ、雪面からの力を受け止める「雪面との対話」を繰り返し、
山全体をスノーボードのフィールドにするトータルスノーボーディングを目指しましょう。

様々な斜面

　ゲレンデは様々な斜面で構成されており、5度以下のごく緩い斜面から30度以上の超急斜面を用意するスノーリゾートもあります。同じ斜面でも、天候や時間の経過とともに斜面の状況は刻々と変化。朝の平滑に整えられた斜面状況の「整地」は、多くの人が滑走するにつれて雪面はエッジで削られて荒れ、「ナチュラル」と呼ばれるコース状態になります。圧雪車で整備されないあるがまま斜面を「不整地」といいますが、ショートターンを多様する急斜面では凹凸の激しい「コブ斜面」に変化していきます。

また、気象条件やゲレンデ整備の状況によって、雪質も多様に変化。圧雪車によって整備され、エッジングしやすい「ハードパック」されたゲレンデが、天候の急変で「新雪」で覆われたり、氷のように硬い「アイスバーン」になったり、様々な表情に変わります。

管理されたスノーリゾート内であっても、斜面状況や気象条件が変われば、その状況や条件に対応したボディコントロールが求められます。雪面からのインプットに瞬時に対応し、多様なボードコントロールで雪面へ技術をアウトプットしていく。滑り方を限定せず、様々な状況と条件のなかでスノーボードの楽しみの幅を広げましょう。

状況・条件に対応した連続ターン
CORE SKILL

雪質や雪面などの斜面状況や、コース幅や斜度変化、コースに対してフォールラインが斜めに設定されている片斜面などのコース条件を瞬時に判断し、その状況や条件に左右されずに意図した滑走を行う応用能力が試されます。

斜度、雪質、雪面状況を察知し、雪面からの力に対応する姿勢や重心位置とボードを操作す

ミドルターン

Chapter.2

フリーラン

ショートターン

るための運動といったボディコントロールで、雪面からの力をムダなくスピードに活かし、意図した滑走のリズムを作り出すボードコントロールをアウトプットしましょう。

雪面から受けるインプットに対応し、思いどおりの雪面へのアウトプットを行って、滑走のパフォーマンスサイクルを長く充実したものにしてください。

SNOWBOARD DIVERSITY

Chapter.2

バックカントリー

広い自然の雪面を思いのままに自由に滑るスノーボードの原点。
美しく、あるがままの自然のなかを滑走するバックカントリーは、
ゲレンデのようにコース管理はなく、リフトもありません。
いわば山の自然そのままであり、ここでしか味わえない楽しみとともに、
様々な危険があることを認識しなければなりません。

事前の収集と計画の届け出

バックカントリーでは、いくら注意しても、いつ、どこで、どのような非常事態が起こるかわかりません。一般的にバックカントリーは、経験豊富なリーダーやガイドのもとに少人数のグループ（パーティー）で行われます。

バックカントリーに出かける事前の準備として、目的地の情報収集と計画の届け出を行いましょう。計画の作成にあたっては、目的地の地図や登山誌などのガイドブック、関連のサイトなどか

山岳地帯に入るときは登山計画書を提出する

ら多くの情報を収集。また、地元の観光協会、目的地近隣の山岳会および山岳遭難対策協議会などからは、現地の生きた情報を入手できます。これらの情報を提供している施設や団体のほかに、途中で経由する予定のスノーリゾート、索道管理事務所や諸官庁（警察および病院）の連絡先、ツアー当日の気象情報も合わせて入手しておきましょう。

山岳地帯に入る場合は、目的を問わず登山計画書を所轄の警察署か現地の管理事務所、登山口のポストなどに提出し、下山したら速やかに提出先や関係者に知らせなければなりません。登山計画は地域によってインターネットからも提出できます。

目的地の選定と保険の加入

目的地の選定では、ツアー参加者のレベルを把握して、そのレベルに合ったコースを選択します。また、ツアーをリードできる経験豊富な人を選任して無理のない編成をしましょう。

ツアー催行にあたっては、ひとりで山に入ることは絶対に避けましょう。特に厳冬期はどんな事故が起きるかわかりません。万が一事故が起きた場合、ゲレンデと違って現場へ行くのに相当な時間と救助要因が必要となり、多額の救助費用を負担する場合があります。不測の事態が発生したことを考えて、補償の十分な保険に加入しておきましょう。

バックカントリーの装備

装備の事前準備にあたっては、まずパーティで必要とするモノと、各個人で使用する装備のリストを作成し、その準備をしましょう。

基本装備の品目はツアーの日数によって変化します。あくまでも参考とし、そのツアーで必要に

基本装備の品目はツアー内容によって変化する

応じた装備を追加してください。そして、装備は事前に機能するか必ずチェックしておきましょう。

冬山の気象

冬になるとシベリア付近に高気圧が発生し、低気圧が千島列島付近に停滞する状態が多く見られます。このような日本の西に高気圧、東に低気圧がある気圧配置を「西高東低の気圧配置」といい、典型的な冬型の気圧配置です。

この状態のときは日本海側から太平洋側へ風が

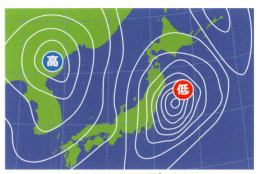
典型的な冬型の気圧配置「西高東低」

Chapter.2

吹きがちで、湿り気の多い空気が列島の中心を縦断する山々にぶつかり、上昇しながら雲が発達。そこに寒気が入って気温が下がると、日本海側で大雪になる傾向があります。また、日本海側で大雪を降らせた風は湿気を失い、山を超えて太平洋側に乾いた風の状態で吹き、太平洋側は晴天になる傾向があります。

近年の地球温暖化による異常気象は冬の季節にも影響を及ぼしており、積雪の少ない地域に大雪をもたらしたり、降るはずの地域に雪が降らなかったりと、気象の判断が難しくなっています。バックカントリーの計画のために、気象の変化や予測に細心の注意を払いましょう。

雪の種類

日本の良質な雪を求めて世界中からスノーボーダーが集まり、そのすばらしさからJAPAN POWDER（日本の良質なパウダースノー）と賞賛され、世界から注目されています。しかし、日本の雪山にも様々な雪の表情があり、雪質によってその性質は特徴的です。

雪山には様々な雪の表情がある

降って間もない雪のことを「新雪」といい、まだ結晶が変化していない積雪です。比重は0.1前後で、軽くて抵抗感がなく、この良質な雪が国内外のスノーボーダーに愛される代表的な雪です。

新雪が外部から熱の影響をあまり受けないで2～3日経過すると、雪の結晶が次第に丸みを帯びて「しまり雪」となります。比重は0.2～0.3くらいです。新雪に比べて雪粒の粘着力が強まるので、積雪の一部を切り取っても壊れません。この雪はターンシェイプが雪面に鮮明に残り、ターンも容易に行えます。

暖気で積雪の粒子間の結晶が切れ、その後凍結して再結晶したものを「ざらめ雪」といいます。大粒で灰色見を帯び、比重は0.3～0.5くらいです。気温が高い間は粒子間の結合が切れて滑りやすいのですが、気温が下がると表面の融け水が氷結し、たちまち「アイスバーン（氷板）」に変

世界が注目する日本のパウダースノー

化。この現象が2～3日続くとアイスバーンは硬さを増して層が厚くなり、雪粒はほとんど認められません。こうなるとエッジングが難しくなり、転倒した際に恐ろしい滑落事故を起こすこともあります。

風で運ばれた雪が風圧で押しつけられて固まった板状の雪が「雪板」です。おもに風下側の斜面に多くできます。雪板に衝撃を加えると、割れたり崩れたりして斜面に滑り落ち、雪崩発生の原因となります。

風の影響で雪面が波のように固まったものを「シュカブラ」といい、風上側は硬く、風下側は柔らかい性質があります。

雪の表面だけが硬化した雪の総称を「クラスト」といい、クラストを生み出す原因と形状によって次のようなものが挙げられます。

1 ウィンドクラスト
主として季節風の風圧によって雪面が硬化したもの

2 サンクラスト
太陽の輻射熱の作用で雪面が湿潤になり、その後寒気のため再結晶したもの

3 レインクラスト
降雨により雪面が一部融け、その後寒気のため再結晶したもの

4 フィルムクラスト
サンククラストの一種で、雪面がフィルム上の薄い膜状になっているもの

5 ブレーカブルクラスト
サンクラストの一種で、雪面は硬いが壊れやすいもの。属に「モナカ雪」ともいい、ボードの操作が難しい雪質

冬山の危険

冬山では天候の急変による遭難が非常に多いため、少なくとも登山予定日の前後1週間くらいの気象の変化を調べるとともに、常に最悪の天候を予測し、それに耐える体力と克服・回避できる知識を養っておかなければなりません。また、行動中は常に観天望気やラジオ、スマートフォンなどで天候の変化に気をつけ、悪化の兆しがある場合は早めの対応をとることです。

夜間であったり、濃霧、風雪に襲われると方向感覚や距離感覚が狂い、樹林帯や雪原では環状彷徨に陥ることがあります。このような危険を避け

春の残雪滑走では岩肌がむき出しになることも

るため、平素から基本的な「地図」の知識を養い、入山の際には地図とコンパス、高度計、GPSなどを携行し、常に現在地を確認しながら行動することが大切です。

いつもは快適にスノーボードを楽しめる斜面であっても、気象条件によってアイスバーンになっていることもしばしば。滑落事故の原因は技術の未熟による転倒がほとんどですが、上級者でも荷物を背負っていたり、疲労すると転倒しやすくなります。斜面の下部が深い谷であったり、岩場に続くアイスバーンのルートは避けるべきです。

雪庇とは稜線の風下側に張り出す雪の庇のことで、大きなものは数mからときには数10mも張り出します。風上側の斜面が緩いとよく成長し、その形状は風下側から見るとオーバーハング状になって、付け根には重量を支えるため大きなストレスによる亀裂が生じている場合があり、雪板と同じようにわずかな刺激によって破壊されます。雪庇の基部を離れて先端に近寄ると、踏み抜いたり崩落の危険性があり、崩落した雪庇の雪塊が斜面の積雪に刺激を与えて雪崩を誘発することもあります。

樹林帯は風が遮られるため、スノーボードに格好の雪質が得られることが多いのですが、太い樹木の周りには人間がすっぽり隠れてしまうほどの穴があります。これは木の温度が周囲の雪を溶かしてできたもので、「ツリーホール」といいます。これも十分な距離を保って滑ることが大切です。

斜面の積雪の張力によってできた雪の裂け目を「クラック」といい、見た目よりも深いことがあり、雪崩の原因にもなるので絶対に近づいてはいけません。

雪崩とその分類

雪崩は結合している雪粒が何らかの力により破

下層の積雪を残して上層だけが崩落する表層雪崩

表面から地面までが崩落して落下する全層雪崩

壊されたときに発生します。発生形態に着目し、大きく「表層雪崩」「全層雪崩」「氷雪雪崩」に分類され、このうち表層雪崩は発生域の形状から「点発生」と「面発生」に分けられます。

表層雪崩は、滑り面から下層の積雪を残して上層の積雪だけが崩落する雪崩です。登山者やスノーボーダーが誘発する雪崩には、表層雪崩が多く見受けられます。一方、積雪の表面から地面までの全層が崩落して落下する雪崩を全層雪崩といい、破壊力は強大です。

斜面の一点からクサビ状に動き出す雪崩を点発生雪崩といいます。面発生雪崩は斜面の積雪が切断してかなり広範囲の積雪が一斉に崩落するものをいい、破壊力は強大です。

雪崩の起こる諸条件としては、斜度35〜45度が最も危険で、30度くらいの比較的緩い斜面から発生するときは大量の降雪によるもので、規模が大きく、破壊力も大きいのが特徴です。地表

面が草つきの斜面では真冬でも全層雪崩が発生することがあります。

新雪が大量に降ったり積もっている雪質と降雪している雪質が異なる場合も、雪崩の危険度が増します。日射や気温の上昇、降雨によって比重の重い湿雪となり、下層の支持力が低下して雪崩が起きやすくなるのです。

また、登山中や滑走中においての雪庇の踏み抜き、トラバースや滑走、滑走中の転倒などによって人為的に誘発してしまうこともあります。

雪崩事故の予防

雪崩事故の予防として以下の点を注意しましょう。

- 気象情報で2～3日前の降雪量や気温などの状態を把握する
- 降雪中とその後1日は移動を控える。特に風下側の吹き溜まりや雪庇には近寄らない
- ハザードマップ、気象情報の確認
- 急回転や急停止、トラバースを避けて雪面に動揺を与えない
- 歩行中の雪の感触に注意する（足元が沈む、異常な音がする、割れ目ができる、亀裂がある、叩くと特定の雪層から流れるなど）
- 安全な場所で積雪の安定テストをする（弱層テストなど）

危険地帯を通過するときの準備とその方法は、以下のとおりです。

- ビーコンのスイッチの発信状態を確認する
- ストックのストラップを手首からはずす
- バックパックなどのストラップは緩めておく
- 急回転や急停止、トラバースを避けて雪面に動揺を与えない
- 雪崩地形内での移動は基本的にはひとりずつ行い、その際必ず監視係を置く
- 特に危険性が高いときは絶対に通過しない

万が一雪崩が起きてしまったら、以下のことを実施して生存率を上げる努力をしましょう。

- 大声で他のメンバーに注意喚起を行い、流されている自分を注視させる
- 身につけている道具などをすべて手放す
- 頭部は雪面上部でうつ伏せの体位になるよう努力する
- 必死に泳ぎ、もがき、浮上する努力をする
- 窒息しないように鼻や口を手でふさぐ
- 雪崩が停止すると雪面が急速に固化するので、すばやく呼吸空間を作る

捜索者の行動

埋没者を捜索するときは、冷静になり、二次雪崩による二重遭難は絶対に避けなければなりません。リーダーの指示に従い、組織的に、スピーディーに、的確な捜索・救助活動をしましょう。

捜索者全員のビーコンを捜索モードに切りかえ、受信感度を最大にして水平、垂直、あらゆる方向にゆっくりとまわしながら、ひとり20mく

入山および滑走前に捜索・救助活動のシミュレーションを

らいの幅で埋没箇所を捜索します。

　メンバーが適当な間隔になって数歩歩いては止まり、大声で声をかけ、しばらくの間、耳を雪面に近づけて反応を聞きます。そして、ゾンデ棒、シャベルなどでデブリ周辺を掘ったり刺したりして身体の一部や衣服、所持品などの発見に努めます。雪崩地点、埋没者の不明地点、所持品などがあった場所、救助地点などには目印をしておくといいでしょう。

　救助連絡の際は焦らずに、事故発生時刻と発生場所、事故の原因、現場にいるメンバーの人数（遭難した人、ケガ人などを氏名まで詳しく）、現場の気象条件、救助要請の内容（ヘリコプター、救急車など）、連絡者の詳細などを正確に伝えることが大切です。

登行と滑走

　登りの雪山の歩き方は、緩斜面ややむを得ない場合を除き、直登を避け、左右に大きく蛇行してのぼります。ツボ足やスノーシューで歩く場合、先頭は歩幅をメンバーの最も歩幅の狭い者に合わせ、後続は先頭のステップを崩さないように歩きましょう。氷結した中急斜面ではアイゼンとピッケル、ザイルの装備がないと危険です。

　尾根では、風下側に雪庇が発達します。雪庇の規模は同じ尾根でも気象条件によって大きく異なり、決して先端に近寄ってはなりません。周囲の状況から尾根筋を判断しながら風上側を歩くことが原則です。

　滑走ルートのとり方は、のぼりのコースを目安に滑走してくることが一番安全です。のぼりで周囲の地形や雪質、障害物、危険箇所などをゆっくり観察でき、滑降時の情報を得られるのが理由です。

　樹林帯では、滑降の際に滑り下りすぎるのを防ぐため、境界に目印を付けて十分に注意し、地図やコンパス、GPS、高度計を活用して間違わないようにしましょう。

先頭は歩幅をメンバーの最も歩幅の狭い者に合わせる

万全の準備と徹底した安全管理で非日常の感動を

のぼりのコースと異なる斜面を滑走する場合は、細心の注意が必要です。滑降を始める時点で、雪の状況などを適切に判断。危険が回避できるように、事前にエスケープルートを調査しておくことが重要です。

滑走前にウエアのファスナーはすべて閉めましょう。雪面を見渡し、不自然な起伏や雪面から突き出ている岩や樹木を見逃さず、その場所を回避する滑走ラインのイメージを持ち、停止する安全なエリアを事前に打ち合わせておきましょう。

滑走順は、まず最初にサブリーダーが滑り、停止してから残りのメンバーにOKまたは滑走コースの変更などを知らせます。次に一人ひとり、充分な間隔をおいて滑走します。ターンに失敗しても樹木や岩などに衝突しないように、スピードに応じた充分な距離を保ちましょう。停止するときは、先に停止している人や障害物から十分に離れて止まり、後続者の邪魔にならないよう安全な場所に移動。リーダーは全員が安全に滑り終えるのを確認してからスタートしましょう。

行動計画の失敗

天候の急変やルートの喪失、メンバーの体調の悪化などで、行動が困難か危険と判断したときは、緊急に露営しなければなりません。このことをフォースト・ビバークといいます。

フォースト・ビバークを決定する条件として、次のようなことが考えられます。

・気象条件（強風、吹雪、濃霧、雪崩の危険性など）
・体調不良者、ケガ人の搬送の可能性
・目的地までの距離（所要時間と現時点での時刻）
・メンバーの疲労度と心理状態
・装備、食料

ビバーク中は身体が濡れるのを防ぎ、体温の保持に努めます。食料、燃料を計画的に用いて大量の消耗を避け、睡眠を十分に確保。精神的安定に努め、士気の高揚を図りましょう。救助者に気づいてもらえるように、ビバーク場所の標識などを工夫することも大切です。

このような状況になることは、行動計画の失敗を意味します。フォーストビバークの実行にあたっては、他の方法が見つからない場合のみ、最善の方策として決断するもので、遭難の原因になることは絶対に避けなければなりません。雪山の知識を身につけ、様々な状況や条件に対応できる技術を身につけ、経験豊富なリーダーとともに事前の行動計画を緻密に立てましょう。

自然を身近に感じ、雪との対話を楽しむスノーボード。
ボードの上での多様な動きを獲得し、ボードを自在に操ることで、
スノーボードで楽しむフィールドはさらに広がっていきます。
課題を克服し、斜面を滑りきる達成感を、より多くの人たちと共有していきましょう。
スノーボードの技術は雪面との対話であると同時に、
同じ楽しみを共有する人たちとのコミュニケーションの手段でもあります。
自身のスノーボードを限定せずに、多様なスノーボードを多様な人たちと分かち合って
スノーボードの楽しみをさらに発展させていきましょう。

- 人を育むスノーボード
- 子どもにとってのスノースポーツ
- キッズスノーボーダーへのアプローチ
- ライフロングスノーボーディング
- 障がいとスノーボード
- スノーボードの指導

Chapter.3
BECOMING INSTRUCTOR

Chapter.3

人を育むスノーボード

既存の指導者、これから指導者を目指す方、子どもや高齢の方に深く関わる指導者、
海外で活躍する指導者など、様々な形で指導に携わる方がいます。
そのすべての人が、スノーボードで「生きる力」を育み、生涯を通じてスノーボードを
楽しむための指導技術、また「多様性」を理解したうえで個々の特性を踏まえた指導展開を学び、
スノーボードを通して多様なゲストの人生を豊かにすることができる指導者を目指しましょう。

技術指導だけでなく、受講者の人生を豊かにするサポートを心掛けよう

多様なゲストの人生を豊かにする指導者

　サーフィン、スケートボード、スキーなど、様々な文化を取り入れて発展してきたスノーボードは、まさに「多様性」のなかで生まれたスポーツです。我々はその様々な楽しみ方を「スタイル」として受容し、「手法を限定せず、山全体をスノーボードの滑走フィールドとする」ことを目指した指導、いわば"楽しみ方の多様性"を受容する指導を展開してきました。

　今後も持続可能なスノーボード環境を整備するために、ゲストにスノーボード技術を指導することだけを目的とせず、スノーボードを通してその人の人生を豊かにすること、その人が自己決定し自律する心を育むこと、自然環境を体感する健やかな身体を育むことなど、「スノーボードで人を育むこと」が指導者の重要な役割です。

　人種、国籍、年齢、性別、障がい、価値観など"ゲストの多様性"に対応し、誰ひとり取り残さず、互いを尊重することを前提としたなか

で、価値観を共有した人々による活動により、安全に子どもを育み、世代を超え生涯を通じてスノーボードを楽しむことができるよう取り組みましょう。

指導者になるために

　指導者として活動するためには、指導者資格を取得することが必要です。SAJにはスノーボードの指導者資格があり、年齢や経験、所有資格、養成講習の修了などの条件をクリアすることにより受検することが可能です。検定では実際の滑走技術だけではなく、「多様性を認める社会」のなかで"楽しみ方の多様性"、"ゲストの多様性"に対応し、安全に指導者としての役割を果たすために必要な知識やルール、マナーも問われます。

　また、SAJにはスノーボード滑走スキルを測るスノーボードバッジテストがあり、これは安全に楽しく学ぶスノーボード指導と一体となったシステムです。海外では珍しく、日本独自のユニークな技術スケールで、そのジャッジングをするために必要な検定員資格の運用が2022年度から始まりました。

　スノーボードで人を育むために必要な指導者資格、指導と一体となったスノーボードバッジテストを公正公平にジャッジングするために必要な検定員資格、どちらも取得することで、より多様化するゲストのニーズに沿った指導が可能になりますので、ぜひ両方の取得を目指しましょう。

　スノーボードで人を育む指導者は、ゲストに限らず、周囲から慕われ、尊敬される存在でなければなりません。多様化のなかでも社会のルール、雪上のルール、SAJの理念に基づき、模範の行動ができるよう、資格だけではなく資質も伴った指導者になりましょう。

指導者として活動するためには、指導者資格の取得が必要

SNOWBOARD DIVERSITY

Chapter.3
子どもにとってのスノースポーツ

スノーボードで子どもを育みましょう。
雪の上での体験を通して、子ども自身が自分の意思で物事を決定し、
その決定に自信と責任を持ち、課題を乗り越える力を引き出したいものです。
子どもの自律性を尊重し、子どもに寄り添う指導者を目指しましょう。

スノースポーツで育てたい子ども像

スノースポーツの経験を通して育てたい子ども像をふたつ挙げます。

まず「スノーボーダーとして」の面です。スノーボーダーとしても2通りあります。多様な技術を身につけ、それを自らの意思で選択して活用できる、さらに困難な状況をも成長の糧として心身ともに成長を目指すアスリートとしてのスノーボーダー。もうひとつは多様な技術を経験しながらスノーボードを楽しみ、冬休みや春休み、休日を楽しめる、スノーボードを生涯スポーツとして長く楽しんでいける、well-beingの手段としてスノーボードを活用するレジャースノーボーダーを育てたいと考えています。

次に、「人として」の面です。スポーツとしてのスノーボード、そして自然体験活動としてのスノーボードを通して、自分で考え、判断し、行動できる子ども（スノーボーダー）に育ってほしい。慣れない雪質のなかでの滑走、整備されていないコースへの挑戦、訓練して新しい技術を習得するなど、スノーボードでの経験を通じて、スノーボード以外の場面でも、困難に直面してもそれを乗り越えようとする子どもに育ってほしい。付け加えれば、ゲレンデでの他者や自然との関わりを通して、他者に配慮できる子ども、自然や環境に配慮できる子どもに育ってほしい。そのように考えています。

スノーボードとフィジカルリテラシー

リテラシーとは、元々は読み書きの能力を表す言葉です。文字を知り、単語を学び、文法を理解すれば、本を読むことができます。また、文字を使って文章を書くことができれば、自分の考えを伝えることができます。現在では、そこから発展し、『様々なことを理解したり、創造したり、かわったりする能力。さらに、人間が自らの目標や目的を成し遂げるために知識や技能を高めたり、共同体やより広い社会に対して貢献し続けたりすることを可能にさせる能力』という意味で使われています。そして、"メディアリテラシー"、"ICTリテラシー"などの使われ方からもわかるように、様々な領域にリテラシーがあると考えられるようになって

子どもの自立を促す体験を提供しよう

きています。

フィジカルリテラシー（身体的リテラシー）とは『生涯にわたって身体活動に取り組むことに価値を見いだし、責任を持つためのモチベーション、自信、身体的適性、知識、理解』のことです。以下に、フィジカルリテラシーの４つの要素を示します。

モチベーションと自信（情緒）

モチベーションと自信とは、身体活動を生活の一部として取り入れることに対する個人の熱意、楽しみ、自信を指します。

身体的適性（身体）

身体的適性とは、動きのスキルやパターンを発達させる個人の能力、そして様々な動きの強さや持続時間を経験する能力を指します。身体的適性を高めることで、個人は幅広い身体活動や環境に参加することができます。

知識と理解（認知）

知識と理解には、動作に影響を与える本質的な性質を識別して表現する能力、活動的なライフスタイルの健康上の利点を理解する能力、様々な状況や物理的環境での身体活動に関連する適切な安全機能を認識する能力が含まれます。

生涯にわたる身体活動への取り組み（行動）

生涯にわたる身体活動への参加とは、日常生活において活動的であることを自由に選択することで、フィジカルリテラシーに対する自分自身の責任を負う個人を指します。これには、ライフスタイルの不可欠な部分として、様々な有意義でやりがいのある活動への参加を優先し、継続することが含まれます。

【参考資料】
https://www.jpnsport.go.jp/corp/Portals/0/joukoku/SPID/research/230331_JSC_SPID_PL.pdf　（2024.6.2閲覧）
https://physicalliteracy.ca/physical-literacy/　（2024.6.2閲覧）

一人ひとりの個性や発達の様子に合わせた声掛けを意識

子どもの「うまくいかない」に寄り添う指導

近年の教育現場で、大きな話題となっているもののひとつに、「発達障害」があります。発達障害は「神経発達障害」というカテゴリーに含まれており、従来の知的障害や運動障害と同じカテゴリーですが、学校では通常学級に在籍して、他の子どもたちと同じように生活をしています。自閉症スペクトラム、注意欠陥/多動性障害、コミュニケーション障害、特異的学習障害（LD）などが神経発達障害に含まれています。

発達障害は「脳の働き方の違いにより、物事のとらえかたや行動のパターンに違いがあり、そのために日常生活に支障のある状態（国立研究開発法人国立精神・神経医療研究センター精神保健研究所）」とされています。この脳の働き方は基本的には生得的であり、脳の各部位や神経伝達回路がうまく機能していないことが言動に影響を及ぼしています。そのために、本人は一所懸命に学習や運動に取り組んでいるけれども、うまくいかないことが多く出てしまうという子どもが存在します。「障害のためにできない」のですが、外見ではわからないため、指

導者からは「不真面目でやらない」と判断されてしまうことも少なくありません。

文部科学省が2022年1〜2月に、全国の公立小学校の教師に行った調査によると、「知的発達に遅れはないものの学習面又は行動面で著しい困難を示す」とされた児童の割合は、約10.4％（推定値）いることがわかりました。40人の学級であれば、4人以上が学習や行動がうまくいっていないことになります。それだけ多くの子どもたちが、学ぶこと、運動をすること、行動することに壁を感じているということです。

指導者の皆さんが、子どもに講習を行っていくなかで、指示がうまく伝わらない、伝わったはずなのにすぐに忘れてしまう、話を長く聞けない、止まって待っていることが難しいといった子どもたちに出会うことがあると思います。その子が不真面目なのではなく、まだその力がその子には備わっていない状態であるのかもしれません。楽しいはずのスノースポーツを行っているわけですから、本来子どもたちはその練習に夢中になるはずです。そうではない状況が講習中に現れたら、目の前の学ぶことに困っている子どもに、それまで以上に寄り添ってみてください。その子に伝わる言葉を選び、その子のタイミングに合わせ、その子ができる運動を一緒に考え、講習を組み立てていくことができたら、普段は学習や行動がうまくいかない子どもも、スノースポーツを楽しむことができるでしょう。集合講習のなかでも、可能な限り、一人ひとりの個性や発達の様子に合わせた言葉かけをしていくことを心掛けてください。

スノースポーツを楽しむ経験を

スノースポーツは、大自然のなかで身につけた技術を活かして、それを選択して組み合わせ、目の前に現れる困難な状況を克服するスポーツです。また、うまくいかないときには選択する技術を変えたり、スピードを調整したり、新しい技術を身につけたりして、困難に再挑戦することも可能なスポーツです。それらの経験を通して、子どもたちはスノースポーツのなかだけに限らず、普段の生活でも自ら考え、課題を解決し、成長を続けられる人になっていくことでしょう。そのような子どもたちを育てていくために、指導者は参加者に「また参加したい」と感じさせる指導をしていく必要があります。

子どもたちの多くは、「スポーツが好きだし楽しいから」「友達と一緒に過ごしたいから」と回答しています。（小学生のスポーツ活動に関する調査研究協力者会議　小学生のスポーツ活動に関する調査研究報告書P.13　1995）

スポーツの原義は「気晴らし」「あそび」を意味しています。雪山に遊びにきた子どもたちが、大自然のなかで思いきり遊び、「また雪山に遊びに来たい」と思って帰るように、指導の流れに工夫を凝らしていきましょう。

【参考資料】
森則夫ら　編著　「臨床家のためのDSM-5 虎の巻」日本評論社　2014年
文部科学省「通常の学級に在籍する特別な教育的支援を必要とする児童生徒に関する調査結果について」　2022年

「また参加したい」と感じさせる指導を

キッズスノーボーダーへの
アプローチ

幼児期から楽しめるスノーボードは、
子どもたちの成長にとても有効なスポーツのひとつです。
幼児期に身につけておきたい「36の動き」と
スノーボードを楽しむことの重要性を考えてみます。

36の動き

3歳～小学校入学前の幼児期は、いろいろな動きがどんどんできるようになる時期です。様々な動きができることに「おもしろさ」を感じ、さらにいろいろな動作をすることで動きがきれいに洗練されていく時期でもあります。

一方、人の動きは36パターンの基本動作から構成され、それを幼児期に身につけることで将来いろいろなことにチャレンジできるようになります（下図）。

36の基本的な動き

国立青少年教育振興機構
幼児期の遊びを中心とした運動プログラム開発・普及委員会

そんな将来のために大切な「36の基本動作」は大きく3つに分けられます。

・身体のバランスをとる動き：「平衡系運動」と呼ばれ、姿勢変化や平衡維持の運動
・身体を移動する動き：「移動系動作」と呼ばれる、上下・水平方向の移動や回転運動
・用具を操作する動き・力試しの動き：「操作系動作」と呼ばれる、モノや自分以外の他者を扱う運動

さらに、動きの獲得には動きの多様化（立つ、座る、ぶら下がる、走る、投げるなど）と動きの洗練化（力みやぎこちなさが減少して滑らかになった、目的に合った動き）というふたつの方向性があります。3～4歳頃には全身を使った遊びなどを通して身体のバランスをとる動き（寝転ぶ、渡るなど）と身体を移動する動き（走る、よけるなど）を獲得し、4～5歳頃には環境との関わり方や遊び方を工夫しながら用具などを操作する動き（持つ、運ぶ、投げる、捕るなど）を獲得。5～6歳頃には動きの洗練化（身体のバランスをとる動き、身体を移動する動き、用具などを操作する動き）が期待されています。たとえば鬼ごっこには、「たつ」「あるく」「はしる」だけではなく「はねる」「つかむ」の動きが含まれているなど、ふだん子どもが楽しんでいる遊びのなかに、これらの動きは複合的に含まれています。

文部科学省の『幼児期運動指針』には、幼児が楽しんで夢中になって遊んでいるうちに多様な動きを総合的に経験できるようになるため、一つひとつの動きを意識するというよりも「さまざまな遊びをすることが重要である」と記されています。このように自発的に様々な遊びを体験し、多様な動きを獲得できるようにすることが幼児にとっては大切なのです。遊びが楽しければ「もっと他の遊びもしたい！」と広がり、よりいろいろな動きを獲得していけるようになるということです。スノーボードでスノーパーク（スキー場など）を自由に滑り、楽しむことはまさに子どもたちにとって遊びの場であり、横乗りスポーツ特有の左右違った動きや力加減、用具を使った動きのなかでも動きの洗練化に加え、準備と片付けといった身辺自立（食事や衣服の着脱、トイレなど生活の基本的な動作）も必要となるため、幼児期から経験することは自立性が身につき、生きる力にも繋がるスポーツなのです。

スノーボードは多様な動きが総合的に組み込まれており、36の基本動作のうち24の動きを獲得できます。さらに準備運動などの工夫次第で、ほぼすべての動きの獲得が可能です。また、幼児期は毎日60分以上の戸外での遊びで身体を動かすことが大切とされており、スノーボードは一日中（4時間以上）楽しみながら活動できるため、天候による配慮や個別の特性による注意は必要ですが、この点も優れています。

子どもの心と身体を育む
「雪育」のススメ

「雪育」とは、冬を代表するスノーボードなどのスポーツや雪遊びなどの雪の体験を通じて、子どもの心と身体の健やかな成長を促そうという取り組みのことです。雪を見る、雪に触れる、雪と遊ぶなどの雪体験はまさに非日常の世界。雪の冷たさや滑るスピードなどの実感は、雪のある自然環境ならではの非日常的な体験です。特にスノーボードは、コースや人の動きなど周囲の状況を判断し、常に自分の意志で「止まる」「曲がる」「スピードを上げる（落とす）」などの行動を決めていく必要があります。しかも、「止まれない！」「曲がれない！」といったときにどうするか、試行錯誤する場面も連続します。

自分で考え、工夫して乗り越えようとする「自己決定」と、その課題をクリアしたときの“自分はできる”という自信や達成感（有能感）。これらは子どもの「自律性」の発達に大きな影響を及ぼします。さらにスノーボードを親子で一緒に楽しむことで、子どもは親との繋がりを感じ、共通の話題も生まれます。親も「子どもを遊ばせる」というスタンスではなく、「子どもと遊ぶ」ことで自然と会話が弾み、子どものことをより知ることができるでしょう。

このように親子でスノーボードを楽しむことで、豊かな親子関係を築くことに繋がります。また、スノーボードスクールや子どもだけで参加できるキッズキャンプに参加することで、初めて出会う友達との出会いや、指導者や大人の方との関わりは、子どもの心の成長にとってとても重要とされています。

発育発達段階に合わせた
指導の方向性

年齢に合った適切な運動指導が必要といわれています。たとえば13〜18歳ごろのスポーツ外傷に共通して多く見られるのは関節障害です。しかも、足関節や膝関節では中学生や高校生の4人にひとりの割合で認められています。また、発育発達には個人差が大きく、実際の年齢に対してそ

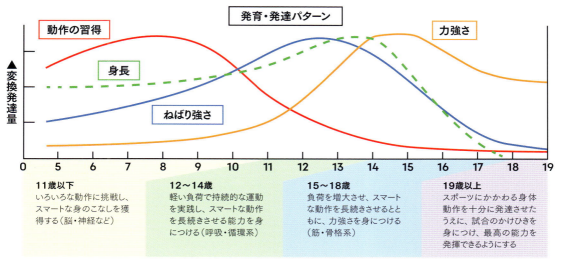

「発育・発達パターンと年齢別運動強化方針」
（宮下充正、他編：子どものスポーツ医学、宮下充正：小児医学、19:879-899 ,1986,より引用）

れぞれ上下2～3歳の差があるといわれています。たとえば12歳であっても、成長が早い子は＋3歳で15歳、成長が遅い子は−3歳で9歳ということです。

つまり、同じ学年の「小学6年生」でも9～15歳まで身体の発育発達具合に差があるわけです。そのため、一概に年齢による指導目標ではなく、子どもの指導場面においては、身長や体格などをひとつの目安にし、準備運動の段階から身体の動かし方などを観察しながら行うと個人差が理解しやすいでしょう。

次に発育・発達パターンについて説明します。これを理解することで、指導のポイントが整理しやすくなります（上図）。

脳・神経系の発達する11歳以下では、日頃の遊びのなかからいろいろな動きを身につけています。失敗も経験しながら、身体の上手な動かし方を習得しやすい時期です。指導では、簡単な説明で動きを模倣しやすいように見せて真似る方法を多く取り入れると良いでしょう。

次に12～14歳では、呼吸・循環器系が発達し、体力や集中力が身につく時期です。そのため指導においては、長い距離の滑走やトレーンなどが有効です。また、言葉による理解度も高いため、技術的な専門用語を用いた指導も有効です。

そして、15～16歳になってようやく筋・骨格系が発達します。ほぼ大人と同じような動きが可能となり、難しい動きも理解できるようになります。さらに、より高い技術への挑戦や、目標に対して努力することを好み、課題に対して反復練習をするなど自主的に取り組むことが可能になるため、指導においては次回に向けた課題や、より良い滑りに向けたアドバイスが効果的です。

最後に19歳以上になると成長もほぼ終わりになるので、スノーボーディングをそれぞれのライフスタイルに合った形で実践し、生涯スポーツのひとつとなるよう、楽しみながら健康作りや体力の維持増進に繋げると良いでしょう。

知っておこう。
ゴールデンエイジについて

ゴールデンエイジはスポーツ指導の現場でよく

使われている用語のひとつです。今回は3つの区分で説明します。

【プレ・ゴールデンエイジ：5〜8歳頃】

神経系の発達が著しいとされており、脳をはじめとした神経回路の発達が急ピッチで進む大切な時期です。運動能力の基礎は、この年代に形成されます。

この時期は、気分でスポーツをやめたり、違うスポーツに変更したりする特徴があります。そのため、強制的にひとつのスポーツを行わせるのではなく、多種目のスポーツを経験しながら、身体を動かす楽しみを知ることが、その後の動作の習得や専門的な技術の上達へと繋がっていくでしょう。

【ゴールデンエイジ：9〜12歳頃】

神経系の発達がほぼ完成し、動きの巧みさを身につけるのに最も適している時期です。また、一生に一度だけ訪れる、あらゆる動作を短時間で覚えることのできる「即座の習得」を備えた時期として重要視されています。

しかし、この「即座の習得」はそれ以前の段階で様々な運動を経験し、神経回路を形成している場合にしか現れません。だからこそ「プレ・ゴールデンエイジ」が重要なのです。この時期は、精神面でも自我の芽生えとともに競争心が旺盛になり、高度なテクニックを身につけられる時期でもあります。一度習得した技術は大人になってからもずっと身についているので、この時期に多くの技術を学ばせることが、将来大きく伸びるためのポイントです。

【ポスト・ゴールデンエイジ：13〜15歳頃】

この世代になると、神経系の発達がほぼ止まり、生殖系や体格が大きく発達し始めます（性別や個人差あり）。

いわゆる思春期です。骨格や筋力が急激に発達することでパワーやスピードが備わってくる一方、これらの急激な成長によって身体のバランスが悪くなります。そのため、今までうまくできていた技術ができなくなることもあります。

親子スノーボーディングのススメ

子どもの健やかな成長に不可欠な「3つの間」が失われつつあるといわれています。「3つの間」とは、「空間」「時間」「仲間」のことです。子どもたちが伸び伸びと遊ぶ場所の減少。塾や習い事などによって遊びに行くゆとりの時間の減少。そして、これらの要因やゲームやネットの広がりによって、一緒に身体を動かして遊んだり関わったりする仲間の存在も希薄になっているというのです。多くの仲間と外で元気に身体を動かして遊ぶことは、体力や運動能力を向上させることはもちろん、思考力、判断力、情緒性など多くのものを学ぶ機会でもあります。スノーボードでは、この「3つの間」の解決に効果的なスポーツといえます。スノーパークに行けば自由にコースを滑ることができ、一日中仲間と時間を共有しながら、楽しむことができるからです。

さて、最近ではこれらの「3つの間」に「居間（茶の間）」「手間」を加えた「5つの間」が大切であるともいわれています。「居間（茶の間）」は、家族の団らんや、子どもを含めた家族が関わりを持つ居場所のことです。「手間」は、子どもを育てる際（指導を含む）の手間を惜しまず、適切に関わっていくこと。家族でスノーボードに出かけることや、一緒に食事をしたり、一緒に滑ることは子どもの健やかな成長につながるスノーボーディングなのです。ぜひ親子でスノーボードを楽しみましょう。

ライフロングスノーボーディング

スノーボードは自然と触れ合いながら、一生涯にわたって身体を動かすことができるスポーツです。
全身の筋力を鍛え、心臓血管機能を向上させる効果もあります。
ウィンターシーズンに向けて健康的でアクティブな生活を送ることができるばかりか、
雪の上での運動は心身のバランスを促進し、ストレスを軽減することにも役立ちます。

年齢に関係なく楽しめるスポーツ

　スノーボードは、年齢に関係なく楽しめるスポーツです。子どもから高齢者まで、様々な世代の人々が楽しんでおり、個々の能力やペースに合わせてコースや滑り方を選択して楽しむことができるため、初心者から経験豊富な上級者まで誰でも参加できるスポーツでもあります。

　また、世代を超えてゲレンデでの楽しみを共有でき、多様な人々との交流ができることもスノーボードの魅力のひとつです。リフトやゴンドラを利用して山の上まで移動し、壮大な景色を楽しむ非日常を味わうことでストレスを軽減したり、心身のバランスを促進する効果も期待できます。

年齢と体力

　年齢を重ねるにつれて、体力の低下は避けられません。20歳を過ぎる頃から緩やかにその兆しが現れますが、積極的に身体を動かし鍛えることで、40代まで筋肉量を維持することができます。しかし、50代から60代にかけては体力の低下が顕著になる傾向があります。その原因としては、加齢による運動能力や基礎代謝の低下、そして生活習慣による運動不足などが挙げられます。

　このことから、それぞれの年齢や体力に応じたスノーボードを心掛けることで、無理なく安全に楽しむことができます。また、当日の体調や天候、ゲレンデコンディションから適切に休憩をと

世代を超えて楽しみを共有できるスノーボード

ることや、滑走を中止したり中断する判断も重要になってきます。

雪面から受ける力を制御する技術

　高速でターンする疾走感、パウダースノーを滑走する浮遊感、滞空時間の長いエアや難易度の高いトリックをきめる達成感など、スノーボードには様々な楽しみ方があります。無理なくスノーボードを楽しむという生涯スポーツとしての楽しみ方もまた、スノーボードの高度な技術のひとつ。自身の体力に合わせて最大限楽しむためのボードコントロールは、安全にスノーボードを楽しむために非常に重要です。筋力に任せて無理な姿勢をとって滑走するよりも、雪面からの力の方向や大きさを理解し、その力に対応して姿勢を変化させ

Chapter.3

たりバランスを維持する能力を発揮できれば、楽に長い時間滑走を楽しむことができます。

雪を削って得られる雪面からの力はスノーボードのパフォーマンスに不可欠ですが、生涯スポーツとしてのスノーボードは、この雪面からの力を自身の体力で受けとめたり処理できるだけの量に制御する技術が求められます。

ホールド状態で得られる雪面からの力では身体への負担が強すぎる場合、ホールドしてできた雪壁をいつでも崩せるようにボードの向きを操作したり、雪壁を作り出さないようなエッジングを心掛け、スライドでのコントロールを洗練させることで、パフォーマンスに最適な雪面からの力を生み出すことができます。

また、姿勢の変化で重心位置も変化することを念頭に、雪面からの力を無理のない姿勢で受け止められる姿勢調整の能力を身につければ、筋量が少ない高齢者でも身体への局部的な負担は大幅に減らせます。

ボードを強く起こし、ホールド状態を維持する滑走だけが最善の滑走ではありません。自身が制御できる範囲でボードを意図したタイミングで、動かしたい方向に必要な分だけ動かす能力がどのレベルのスノーボードにおいても重要なのです。

スノーボードライフがもたらす精神的および社会的な利点

スノーボードは単に運動するという側面だけでなく、心身のバランスを整える効果も期待できます。雪上での非日常体験をスノーボードで楽しむ

生涯スポーツとしての楽しみ方も技術のひとつ

滑走中の足底圧の測定

スライド状態でのターンとホールド状態でのターンでは、身体への負荷が実際に違うのでしょうか。身体への負荷は、雪面から加わる力の大きさや持続時間といった物理的な測定値や、心拍数や血中乳酸値といった生体的な測定値などで確かめることができます。今回、ひとつの試みとして、インソール型の圧力センサーをブーツの中に挿入し、ターン中の足底圧の測定を行いました。スノーボーダーはブーツのアッパー部分で下腿でも身体を支えている(力を受け止めている)ので、足底圧は雪面から加わる力とイコールではありませんが、負荷の違いを確かめるひとつの指標になると考えられます。

測定では、現役デモンストレーター(フリースタイル)が、バッジテスト2級程度のレベルを想定したスライド状態でのターン(スライドの大きなターンと小さなターン)および指導員程度のレベルを想定したホールド状態でのターンを行いました。斜面は最大斜度20度のフラットな中斜面で、マーカーで規制してターン弧が同じ大きさになるようにしました。

トウサイドターンはブーツのアッパー部分で力を受け止める要素がより大きいと想定されるので、今回はヒールサイドターンのデー

ことでストレスを解消し、自然を身近に感じ、滑走する喜びで満たされることでしょう。難しいコースを滑りきったり、できなかった課題を克服する過程で自己成長や達成感を得られます。

また、スノースポーツを楽しむ人々が集う場所を共有することでひとつのコミュニティを形成できます。たとえひとりでゲレンデに訪れても、他者と場を共有することで、他者を気遣い尊重する行動に繋がります。このようなコミュニティの形成を「社会的効果」といい、スノーボードを通じた他者との交流やスノーボード技術の蓄積、人を育む活動など数値化できない多様な効果を生み出します。

昨今「フレイル予防」という言葉を耳にする機会が増えました。フレイルとは、「加齢による筋力や心身の衰え」を表す言葉です。歳を重ねることにより筋力が衰えることはごく自然なことです。高齢化で心身のバランスを崩してしまうこともあるでしょう。また、加齢によって社会との繋がりが希薄になるケースもあります。

仲間と場を共有することで社会的な効果も享受できる

スノーボードは自然のなかで雪と対話しながら身体を動かし、様々な課題を克服することで達成感を得られるスポーツです。また、スノースポーツを楽しむ仲間たちとともに同じ場を共有し、互いに敬意を払い合うことで、身体的、精神的、そして社会的な効果を享受することができます。これにより、スノーボードはフレイル予防に最適なスポーツといえるでしょう。だからこそ、スノーボードは生涯を通じて楽しむ「ライフロングスポーツ」として推奨されているのです。

タを確認します。ターンをすると、直滑降のときよりも足底圧は大きくなります。この増加分が体重の何％の大きさというのが今回のデータです（直滑降時の足底圧を0％として基準にしています）。

グラフは、その最大値を示しています。結果は、ズレが小さくなるほど足底圧は大きくなっていき、そして違いも大きなものでした。足底圧と雪面から加わる力とがイコールではないことを考慮したとしても、スライド状態でのターンとホールド状態でのターンでは、実際に身体への負荷が大きく違うといえそうです。ただし、負荷の大きさが違うとい

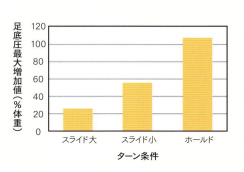

うことが、スライド状態でのターンとホールド状態でのターンに優劣をつけているわけではありません。自身の目的や筋力、雪面状況などに応じて、適切に選択していくことが重要だと考えられます。

Column

Chapter.3

障がいとスノーボード

スポーツ基本法では、「スポーツは、障がい者が自主的かつ積極的にスポーツを行うことができるよう、
障がいの種類及び程度に応じ必要な配慮をしつつ推進されなければならない」とされています。
ここではスノーボードを生涯スポーツとして無理なく楽しめるように、障がいを知ることから始めましょう。

障がいとは

障がい者対策の基本的理念を示す法律「障がい者基本法」では、障がい者の定義を「身体障がい、知的障がい、または精神障がいがあり、長期にわたり日常生活、または社会生活に相当な制限を受けるもの」としています。

「精神保健福祉法」

「脳および心の機能や器質の障がいによって起きる精神疾患によって、日常生活に制約がある状態のこと」を精神障がいと定義されています。

「知的障がい者福祉法」

「日常生活で読み書き計算などを行う際、知的行動に支障がある状態のこと」を知的障がいと定義し、知能指数が基準以下の場合に認定。なお、知的障がい者福祉法では、知的な能力発揮の程度などに個人差があり、一人ひとりによって異なるため、細かい規定を設けていません。

「身体障がい者福祉法」

「身体機能の一部に不自由があり、日常生活に制約がある状態のこと」を身体障がいと定義されています。

本人が障がいに対して「OPEN」であるか「CLOSE」であるかを知りましょう。

「OPEN」とは、周囲や関係者等に障がいのことを周知して良い方（本人が障がいを受容できている、あるいは配慮や助けを必要としている方）の状態をいい、「CLOSE」とは、周囲に障がいのことを隠したい方（本人が障がいを受容できていない、日常生活に問題がない、あるいは配慮、助けを必要としていない方）の状態を表します。

障がい者だからといって特別視するのではなく、人として尊重する気遣いが重要です。人は誰しも得手・不得手があるので、一人ひとりがほんの少しサポートするという心構えで、障がいごとに適した配慮や工夫ができるのが理想です。

同じ社会で共存するためには、様々な障がいを持った人がいることを理解し、自分ができる範囲で配慮していくことが大切です。

障がいを持つ人がレッスンを受講する際に、近くにいる同行者（親、友達、知人など）に対象者の普段の様子や気をつける点などの聴き取りを行うことや、いない場合は直接本人にサポートや配慮の必要性を伺うことが必要となります。

接し方「11のコツ」

障がいを持つ人と接する際に大切なのは、その身になって、その人が必要としている援助を見極めることです。話すときはゆっくりおだやかに、繰り返し説明することが必要です。積極的に声をかけ、本人の意思を確認して行動するようにしましょう。

【接し方「11」のコツ】

・話を途中で遮らずじっくりと本人の話に耳を傾け、その真意を理解するように努める

・本人の言葉を繰り返して話を引き出す（なかな

か話せない人の場合）

・あいまいな言い方は避け、はっきりとわかりやすく話し、一度にたくさんのことをいわない

・注意するときは、その内容・理由に加え、どうしてほしいかを短く具体的に伝える

・やったことの良い点をほめ、多少のミスには目をつむり、感謝と励ましで本人のやる気を引き出す

・できないことを「甘え」や「わがまま」と批判したり、不満や文句を本人にぶつけたりしない

・短期目標と長期目標を立て、本人のペースで「今できること」を確実に続けさせる

・たとえ時間がかかっても本人のやり方とペースを尊重し、手や口を出すことを控える

・どうしても助けが必要なときだけ手を貸し、自分でできることは自分で行うことが大切であると伝える

・本人と近すぎず、遠すぎない距離を保ち、甘やかしたり、過保護になったりしない

・極端な自己犠牲はしない

コミュニケーションの3要素

会話上の「ゆっくり」「丁寧に」「繰り返し」を実践した応対が望ましと考えられます。このような応対は、小さな子どもや高齢の方々、外国人など、すべての方々に対して活用可能と捉えられています。コミュニケーションを通して意思疎通を図るのと同時に相互理解を深め、関係性を築きましょう。

急に後ろから話しかけたり、肩をたたいたりすると驚いてしまうかもしれません。話すときには、正面から本人の目を見るようにしましょう。本人が、こちらの話を理解できていない場合には、焦らず繰り返し伝えることが大切です。

【内容をわかりやすく話す】

複雑な内容や多くの情報を、一度に伝えてしまうと混乱してしまいます。ひとつずつ、順番に話しましょう。さらに、「あれ」「これ」などの指示語は伝わりにくいため、具体的かつわかりやすさを意識して話すことがポイントです。難しい言葉や理解できない言葉は、本人がわかる言葉に置き換えて伝えるとよいでしょう。

【複数の方法で伝える】

言葉を理解するのが苦手な方には、メモを渡したり、絵を描いたりして伝えるのも方法のひとつです。ジェスチャーなどを使うのもよいでしょう。本人が、理解できるのかを把握することが重要です。わかりやすく要件を伝えるには、本人に合わせたコミュニケーション方法を見つけましょう。

障がいを持つ方との関わりは「地域社会における共生の実現」です。できないことはサポートする必要がありますが、健常者と同じように接しましょう。

スポーツ全般、スノーボードを楽しく上達してもらえることが指導者としての喜びとなり、受講する障がいを持つ方が満足し笑顔で続けられることが大切です。

障がいの特性を知り、過剰に反応することなく周囲の指導者と相談できる環境を作り、「誰ひとり取り残さないスノースポーツ」として、障がいを持つ人にもスノーボードを届けるとともに、技術向上への手助けとなるよう心掛けましょう。

Chapter.3
スノーボードの指導

様々なスノーボードの楽しみ方を安全に楽しく学ぶ環境を整えましょう。
指導者は単にスノーボードの技術を指導するだけではなく、
「スノーボードを通して人生を豊かにする」ことが目標です。
安全に最大限配慮し、スノーボードの指導を通して自律したスノーボーダーを育みましょう。

ルールを周知し、安全で楽しいレッスンを

安全に関する10項目を基にした指導

　スノーリゾートでは多様な人々が様々な目的を持って同じ環境を共有します。お互いの安全を確保するための「安全に関する10項目」は、FISの定めるグローバルスタンダードなスノースポーツの行動規範です。スノースポーツを安全に楽しむためにはこのルールを厳守する必要があり、指導者は自らの安全、他者への配慮、受講者への安全管理とともに、このルールを受講者に周知し厳守させる指導が必要です。

　「安全に関する10項目」はスノーボードの制御はもとより、雪上でのマナーや道徳も含まれたものとなっており、このルールを柱としたレッスンを展開することで
・スピードや方向を制御する技術
・標識の意味や危険回避など安全に関する知識
・他者を思いやる心を含むゲレンデ内でのマナー
などの指導内容を盛り込むことができます。

　このルールを基にした指導で安全なレッスン展開を心掛け、このルールがスノースポーツを楽しむすべての人が守るべきルールであることを受講

者が知識として身につけられる指導を行いましょう。

安全なレッスンのための準備

安全に楽しく学ぶ環境作りの準備は、レッスン開始前から始まっています。事前にコースの特徴や当日のゲレンデコンディションと天候、リフトの混雑予測などとともに、事故が起こった場合に備えてパトロールの連絡先を入手しておきましょう。

レッスン受付時には、実りのあるレッスンを進行できるように受講者のニーズを把握しましょう。また、楽しいスノーボードにもスノースポーツ特有の一定のリスクがあることを説明しましょう。さらに、受講者が寒さや転倒時に身を守るための服装や装備が十分か、スノーボード用具に不備はないかなどをチェックも必要です。

スノーボードを始める前の準備運動は、身体の準備だけでなく、レッスンへ向かうための心の準備も兼ねています。心身ともにスノースポーツを行う準備を整えましょう。

クラスハンドリング

レッスンを安全に効率よく、そして受講者が快適にスノーボードを楽しむためのクラス管理について考えましょう。

スノーボードは、安全を最優先させなければなりません。受講者はもちろん、自身の安全も確保できる場所にクラスを集合させましょう。

・幅の狭いコース
・上部から見えない斜度変化の下
・コース中央
・リフト線下
・リフト乗り場などの混み合う場所

これらの場所はクラスの安全を確保できないばかりか、ゲレンデを共有する人たちの滑走を妨げ、迷惑がかかります。クラスの大小に関わらず、クラスを集合させる場所には細心の注意を払いましょう。

続いて、受講者が快適な時間を過ごし、レッスンに集中できる状況を築きます。太陽の方向や風向きを考慮して自身の立場所を決めましょう。

練習を含むクラスの移動の際の注意点は、「どこまで滑り下りるか」を明確にすることです。特に視界が悪い日や混雑したゲレンデでは、受講者を見失ったり衝突などの危険性があります。環境を念頭に滑走距離を検討しましょう。

指導者の合図でひとりずつ滑走する手法は受講者一人ひとりの滑走を細かく評価できますが、大人数のクラス運営では時間がかかってしまいます。「ペア」を組んで滑走したり、「前の人が3ターンしたら次の受講者が滑走を始める」など、レッスン展開に最適なクラスの移動手段を心掛けましょう。

レッスンは、スノーボードで人と人が繋がるすばらしい時間です。より良いレッスン展開を構築

レッスン内容の意図や目的をわかりやすく伝えよう

するためには、受講者と等しく接し、受講者同士が協力し合い、クラス全体がスノーボードを通して感動を共有できる運営を心掛けましょう。

パフォーマンスの評価

レッスンでの練習内容は、明確な意図を持って設定します。「何のための練習か」「何に注意して行うか」「どのように行うか」などをなるべく簡潔でわかりやすい説明で受講者全体に伝え、受講者が内容を理解しているかを確認しましょう。

設定した練習に対しての評価を行う際には、パフォーマンスサイクルを通してアウトプットの全体像を把握し、以下の点に注意しましょう。

【スノーボードの滑走状態】

滑走全体を把握するためにスノーボードの滑走状態を確認しましょう。迎え角のとり方で滑走者に加わる力の方向や量は変化します。求めるパフォーマンスを生み出すためのボードの滑走状態をアウトプットできているかを確認しましょう。

【ボードコントロール】

ボードの滑走状態は、斜面状況のなかでのボードを動かすタイミング、方向、量で決まります。ボードがどのタイミングで、どの方向に、どれくらい動いているかを確認しましょう。また、滑走中にボードはしなったり、ねじれたりします。このボードの形状変化にも着目しましょう。

【ボディコントロール】

ボードコントロールは、滑走者のボード上での自在な動きであるボディコントロールによって生み出されます。雪面からのインプットへの対応やジャンプやスピン、ターンのための運動、ボードの方向変化や形状変化を操るための身のこなしなど、これらのボードの上での動きが意図したアウトプットを生み出しているかを確認しましょう。

滑走中の姿勢は、運動の結果として現れます。

目的のパフォーマンスを引き出すために、外見にとらわれず、雪面からの力を見抜き、結果として現れている現象を判断したうえで、その原因を探りましょう。

自己決定を促すフィードバック

受講者の滑走を見定めたら、良い点と改善点を明確にし、よりポジティブでシンプルな表現で受講者に伝えましょう。

レッスンは受講者とともに目的を達成する時間です。指導者の一方的な情報提供ではなく、受講者との双方向のやり取りでレッスンは成り立ちます。単にスノーボードを「教える」という機能だけを持つのではなく、目的に向かって受講者を「導く」という側面を持ち併せることが重要です。受講者が自分で考え、自己決定をする能力を身につけられるよう、「自律したスノーボーダー」を育むことを意識しましょう。

コミュニケーションスキル

コミュニケーションとは感情を共有したり、お互いの価値観への理解を深めるためのプロセスを含む行動です。多様な人々の価値観に理解を深めるには、単なる一方向の情報伝達ではなく、指導者と受講者、または受講者同士の交流が欠かせません。

コミュニケーションは伝える能力だけでなく、相手のことを理解する能力も含みます。指導現場においては指導者から受講者への一方向の情報伝達になってしまいがちですが、指導内容について受講者がどのように感じているかに常に気を配り、より良い成果が得られるよう受講者に寄り添った会話を心掛けましょう。

相手に伝えるためのスノーボード技術の言語化能力だけでなく、伝えたい内容を支え、補足し、

より効果的に伝達する非言語的コミュニケーションスキルにも目を向けましょう。非言語的コミュニケーションとはアイコンタクトやジェスチャー、声のトーン、立ち位置や人との距離のとり方などが挙げられます。自身が伝えたい内容を効果的に伝えるだけでなく、受講者が発信している非言語的コミュニケーションを受け取ることも重要です。受講者の表情や態度にも気を配り、お互いの意思疎通の促進を図りましょう。

指導において、明確なデモンストレーションは言語的コミュニケーションよりも効果的な場面が多く存在します。ただし、滑走技術の正確な言語化と説明通りのデモンストレーションの両方が伴わないと、受講者は受け取った情報の不一致で混乱してしまうので注意が必要です。

**スノーボード指導の目的は、単に受講者にスノーボード技術を伝達することではなく、
受講者の価値観に寄り添い、スノーボードをお互いの理解を深めるための
コミュニケーションツールとして機能させることにあります。
安全にスノースポーツを楽しむためのルールに則り、
スノーボードで自己を表現し、お互いを認め合い、高め合うこと、
そして自然と一体となって雪との対話を楽しむ術を多く持てるように導くことがスノーボード指導者の使命です。
生涯スポーツとして、年齢や性別、障がいの有無などの違いを受容し、
同じスポーツを通した相互理解を深める場を築き、
スノーボードを次の世代に届けていく指導者が求められています。**

Epilogue

スノーボードカルチャーの創造

2015年に「我々の世界を変革する」ために設定された目標=「Sustainable Development Goals(持続可能な開発目標)」は、2030年までに達成を目指す世界規模での取り組みです。この持続可能な開発のためのアジェンダ宣言のなかでも、スポーツの重要性が示されました。スノースポーツもまた、多様化する社会活動のなかで担う役割があります。

持続可能なスノースポーツのために

多様性が求められる社会のなかで、スノースポーツができることは何かを考えましょう。

2030年までに達成を目指す持続可能な開発のためのアジェンダ宣言では、スポーツの役割を次のように示しています。「スポーツもまた、持続可能な開発における重要な鍵となるものである。我々は、スポーツが寛容性と尊厳を促進することによる、開発および平和への寄与、また、健康、教育、社会包摂的目標への貢献と同様、女性や若者、個人やコミュニティの能力強化に寄与することを認識する。」

スノーボードの持つ自由で多様な楽しみ方を次の世代に繋ぎ、多様な人々をスノーボードで育み、生涯を通して楽しむために、スノーボードのフィールドとなる自然環境を身近に感じ、その保護につながる暮らし方を一人ひとりが考え実践することから始めましょう。

スノーボードで人を育み、生涯を通じてスノ

ーボードを楽しみ、次の世代に繋げていくという目標を掲げ、同じ志を持つ人と人とが繋がり、世代を超えてコミュニティを形成することで、スノーボードは文化的活動＝スノーボードカルチャーへと成熟していきます。

　他者を尊重し、多様なスノーボードのあり方を受容していくことを基盤とし、そこから生み出される新たなスノーボーダーを育成していくために指導者の存在は不可欠です。

　持続可能なスノーボード環境は、個性を尊重した大きなスノーボードコミュニティによって発展を続けていくことでしょう。

おわりに

スノーボードは、多様なスポーツの要素を柔軟に吸収して育まれてきました。
人種や国籍、性別や年齢などの制限がなく、すべての人が楽しめる。
多様な人々とともに多様な楽しみ方を共有し、生涯を通してスノーボードを楽しみ、
同じ雪の上で様々な人々と豊かな人生を送る。
スノーボードの文化的活動は、スノーボードダイバーシティから生まれます。
スノーボードの楽しみ方を限定せず、スノーボードの多様なあり方を認め合い、
自然を敬う心を持って、スノーボードカルチャーの創造を目指しましょう。

【参考文献】
全国スキー安全対策協議会安全啓発ルール「FIS10ルール」ポスター（日本語版）
http://www.nikokyo.or.jp/files/libs/173/202103151419424143.pdf

多田憲孝，平野陽一 スキーの回転運動のシミュレーションのための雪面抵力の測定実験と解析 1996～9年度科学研究費補助金
（基礎研究（C)(2)）研究成果報告書（研究課題番号 08650303）、1998年

日本スポーツ振興センター情報・国際部（2023）情報戦略事業資料，フィジカルリテラシー，
https://www.jpnsport.go.jp/corp/Portals/0/joukoku/SPID/research/230331_JSC_SPID_PL.pdf（2024.8月26日閲覧）

Physical Literacy (online) What is Physical Literacy,
https://physicalliteracy.ca/physical-literacy/（2024.8月26日閲覧）

日本スノーボード教程
スノーボードダイバーシティ

【制作】
勝木紀昭
白石博基
土田　茂
武井香樹
富樫泰一
藤井宣文
畑中淳子
野田岳人
平敷慶彦
要　秀幸
長嶋俊明
清水寛之
高波　徹
喜多正裕
皆川義隆
芹澤伊香
兵藤明子
尾上由果

【共同執筆者】
多田憲孝（大阪国際大学名誉教授）
佐野真也（岐阜市立女子短期大学准教授）
清水幸子（名寄市立大学准教授）
高村直成（中央大学経済学部准教授）

【雪上実験・分析・執筆協力】
中里浩介（北見工業大学准教授）
北見工業大学（冬季スポーツ科学研究推進センター）
若松市民スキー場

【アドバイザー】
平間和徳
福島　格
上杉一哲（全日本スキー連盟安全対策部委員長）
白川尊則（全日本スキー連盟スノーボードハーフパイプチーム
動作解析コーチ兼ストレングス＆コンディショニングコーチ）
橋本朝臣（スキースノーボードチューン beyond）

【撮影協力】
白樺高原国際・しらかば2in1スキー場
しらかば高原株式会社
株式会社池の平ホテル＆リゾーツ
株式会社ルミエール
白樺高原スキークラブ
白樺高原スキー学校
菅平高原スノーリゾート

【写真撮影】
眞嶋和隆

【写真協力】
福田大剛
ヨネックス株式会社
スキースノーボードチューン beyond

【映像撮影】
福田啓介
矢田目幸一

【映像制作】
アルジー

【編集】
スキーグラフィック編集部

【装丁・レイアウト】
須賀　稔

SNOWBOARD DIVERSITY 127

日本スノーボード教程
スノーボードダイバーシティ

2025年4月3日　初版第2刷発行

著　者	公益財団法人 全日本スキー連盟	
発行人	宮崎有史	
発行所	株式会社 芸文社	
	〒170-8427　東京都豊島区東池袋2-45-9	
	https://geibunsha.co.jp/	

印刷・製本　TOPPANクロレ株式会社
Printed in Japan
©Ski Association of Japan 2024
ISBN 978-4-86396-939-1

問い合わせ　販売　03-5992-2180
　　　　　　編集　03-3985-8111

乱丁・落丁本はお取りかえいたします。
本書の無断転載(コピー)は、著作権法上の例外をのぞき、禁止されています。

[DVD + QR動画]
このディスクはDVDビデオです。DVD対応プレイヤーにセットすると、自動的に再生されます。再生時の操作方法は、DVDプレーヤーによって異なりますので、ご使用のプレーヤーの取り扱い説明書をご参照ください。

● このディスク、および動画データを著作権者に無断で複製(異なるテレビジョン方式を含む)、改変、放送(有線・無線)、上映、公開、輸出、レンタル(有償・無償を問わず)などの行為を行なうことは法律で固く禁じられています。
● 誌面のQRコードを著作権者に無断で複製、第三者へ譲渡することを禁じます。

SGDV-2404　本編58分　カラー　MPEG-2　片面一層　複製不能
16:9 LB　ステレオ　ALL NTSC　DVD VIDEO　無許諾レンタル禁止

各種教程をご購入くださった皆さまへ
アンケート調査のお願い

下記のQRコードから、SAJアンケート調査にご協力ください。
アンケートで、SAJから各種配信をご希望になり、メールアドレスをご登録くださった方の中から抽選でSAJオリジナルグッズをプレゼントいたします。
応募期間等の詳細については、SAJのホームページに掲載いたします。

https://forms.office.com/r/bxwCMRtpTV